中国可持续发展研究会 人居环境专业委员会
中国可持续发展研究会 实验示范工作委员会 策划
临沧市国家可持续发展议程创新示范区建设工作领导小组办公室

临沧市可持续发展
典型案例集
2023

国家住宅与居住环境工程技术研究中心
临沧市可持续发展创新中心 发布

中国城市出版社

图书在版编目（CIP）数据

临沧市可持续发展典型案例集 / 国家住宅与居住环境工程技术研究中心，临沧市可持续发展创新中心发布. —北京：中国城市出版社，2023.11
 ISBN 978-7-5074-3654-9

Ⅰ.①临… Ⅱ.①国… ②临… Ⅲ.①城市建设—临沧 Ⅳ.①F299.274.3

中国国家版本馆 CIP 数据核字（2023）第 204356 号

责任编辑：宋　凯　毕凤鸣
责任校对：刘梦然
校对整理：张辰双

临沧市可持续发展典型案例集

国家住宅与居住环境工程技术研究中心
临 沧 市 可 持 续 发 展 创 新 中 心　发布

*

中国城市出版社出版、发行（北京海淀三里河路9号）
各地新华书店、建筑书店经销
华之逸品书装设计制版
建工社（河北）印刷有限公司印刷

*

开本：880毫米×1230毫米　1/16　印张：10½　字数：244千字
2023年11月第一版　　2023年11月第一次印刷
定价：**136.00**元
ISBN 978-7-5074-3654-9
（904657）

版权所有　翻印必究
如有内容及印装质量问题，请联系本社读者服务中心退换
电话：（010）58337283　　QQ：2885381756
（地址：北京海淀三里河路9号中国建筑工业出版社604室　邮政编码：100037）

编制机构及撰稿人

策划机构： 中国可持续发展研究会　人居环境专业委员会
中国可持续发展研究会　实验示范工作委员会
临沧市国家可持续发展议程创新示范区建设工作领导小组办公室

发布机构： 国家住宅与居住环境工程技术研究中心
临沧市可持续发展创新中心

撰稿人： 毕　旭　程　新　杜　鹃　冯人和　付勇勇　高　峰　高秀秀　郭星妤
郭莹洁　和　敏　黄　彬　李　帆　李桂林　李　婕　李美娇　李卫忠
李　阳　李易珏　李育芬　刘　敏　罗玉芳　邵超峰　沈文娇　滕万友
田春梅　王　兵　王　宁　王晓军　吴泓蕾　徐彗声　杨德虎　杨德强
杨慧敏　于天舒　杨　媛　张仕驹　张晓龙　张晓彤　张　阳　张殷波
郑晶茹　周　卿　左　江

文稿整理： 李易珏

支持机构：

碧丽源（云南）茶业有限公司	沧源佤族自治县班洪乡班洪村村委会
沧源佤族自治县工业和科技信息化局	沧源佤族自治县糯良乡贺岭村委会
沧源佤族自治县糯良乡人民政府	凤庆滇红茶产业联盟
凤庆县滇红生态产业园区	凤庆县凤山镇安石村委会
凤庆县凤山镇京竹林村委会	凤庆县凤山镇人民政府
凤庆县科学技术局	国家基础地理信息中心
耿马傣族佤族自治县工业和科技信息化局	耿马傣族佤族自治县绿色食品工业园区
临沧市残疾人联合会	临沧市妇女联合会
临沧市发展和改革委员会	临沧市广播电视局

临沧市工业和信息化局	临沧市交通运输局
临沧市教育体育局	临沧市科学技术局
临沧市科学技术情报研究所	临沧市科学技术协会
临沧市林业和草原局	临沧市民政局
临沧市民族宗教事务委员会	临沧市农业技术推广站
临沧市农业农村局	临沧市人力资源和社会保障局
临沧市人民政府金融办公室	临沧市人民政府外事办公室
临沧市市场监督管理局	临沧市生态环境局
临沧市水务局	临沧市商务局
临沧市统计局	临沧市文化和旅游局
临沧市卫生健康委员会	临沧市乡村振兴局
临沧市应急管理局	临沧市医疗保障局
临沧市住房和城乡建设局	临沧市中级人民法院
临沧市自然资源和规划局	临沧四通农业开发有限责任公司
临沧火车站	临翔区妇女联合会
临翔区忙畔街道玉龙社区党群服务中心	南开大学环境科学与工程学院
荣康达乌龙茶生态文化产业园	双江拉祜族佤族布朗族傣族自治县工业商务和科技信息化局
双江拉祜族佤族布朗族傣族自治县林业和草原局	双江拉祜族佤族布朗族傣族自治县沙河乡允俸村委会
山西大学环境与资源学院	西南大学农学与生物技术学院
永德县城关完小	永德县工业和科技信息化局
永德县永康镇中心完小	云南沧源佤山茶厂有限公司
云南滇红集团股份有限公司	云南师范大学地理科学学院
云南省科学技术发展研究院	云南省科学技术厅
云南省科学技术厅宣教中心	云南紫江食品有限公司
云县工业和科技信息化局	云县茂兰中心卫生院
云县人民医院	镇康县第一中学
镇康县工业和科技信息化局	镇康县文化和旅游局
镇康县文化馆	中国城市建设研究院有限公司
中国可持续发展研究会	中国科学院地理科学资源研究所
中国科学院空天信息创新研究院	中国科学院生态环境研究中心
中共临沧市委组织部	中国农业大学资源与环境学院

前 言

推动全球可持续发展已成为世界共识。2015年9月,国家主席习近平和世界各国领导人共同在联合国峰会上正式通过了《变革我们的世界——2030年可持续发展议程》,这是联合国继制定《21世纪议程》《联合国千年发展目标》之后在可持续发展领域确定的又一全球性重要纲领性文件。《2030年可持续发展议程》设定了未来15年全球在减贫、健康、教育、环保等17个领域的发展目标。

中国是最早、也是最积极地响应联合国《2030年可持续发展议程》的国家之一。2016年4月,中国即发布了《落实2030年可持续发展议程中方立场文件》,7月参加了联合国首轮国别自愿陈述,9月发布了《中国落实2030年可持续发展议程国别方案》,承诺积极落实可持续发展议程。随后,我国制定了一系列具体发展战略,将落实可持续发展议程与各项改革发展事业相结合,在国家、地方、行业各层面取得了突出成就。我国疆域广袤,各地在资源条件禀赋、经济发展阶段、城镇化进程等方面存在着较明显的差异,具备为全球提供更为多元、丰富的可持续发展经验模式的可能性,因而受到国际社会的广泛关注。

中国政府非常重视凝练可持续发展实践经验、讲好中国故事,为全球贡献可持续发展的中国智慧。2016年12月,国务院印发《中国落实2030年可持续发展议程创新示范区建设方案》明确提出打造一批可复制、可推广的可持续发展示范样板,为国内同类地区可持续发展发挥示范带动效应,为其他国家落实《2030年可持续发展议程》提供中国经验。至今,国务院已批复的桂林、太原、深圳、郴州、临沧、承德等11个国家可持续发展议程创新示范区以不同示范主题进行建设。国家可持续发展议程创新示范区作为我国可持续发展实验示范体系的核心主体,应当责无旁贷地肩负起为讲述可持续发展中国故事提供地方实践素材这一光荣而艰巨的任务。

2019年5月6日,国务院批复了云南省人民政府和科技部《关于临沧市创建国家可持续发展议程创新示范区的请示》,同意以"边疆多民族欠发达地区创新驱动发展"为主题,建设国家可持续发展议程创新示范区。在《临沧市可持续发展规划(2018—2030年)》中,明确要求临沧市实施对接国家战略的基础设施建设提速、发展与保护并重的绿色产业推进、边境经济开放合作、脱贫攻坚与乡村振兴产业提升、民族文化传承与开发等行动,统筹各类创新资源,深化体制机制改革,探索适用技术路线和系统解决方案,形成可操作、可复制、可推广的有效模式,对边疆多民族欠发达地区实现创新驱动发展发挥示范效应,为落实2030年可持续发展议程提供实践经验。

临沧市启动示范区建设工作以来,在提升互联互通能力、发展环境友好产业、开发民族特色资源等方面取得了诸多引人关注的成绩。基于示范区建设在"国际视野、国家意志、地方实践"要求下凝练地方经验、讲好中国故事等切实需求，云南省临沧国家可持续发展议程创新示范区建设工作领导小组特委托国家住宅与居住环境工程技术研究中心等机构联合开展《临沧市可持续发展典型案例集》的编制工作。

2022年，在中国可持续发展研究会人居环境专业委员会/实验示范工作委员会的策划组织下，《临沧市可持续发展典型案例集》编制组成立，并经过多次讨论制订了案例集编制方案。2022年底，编制组以"针对的问题比较典型、采取的措施体现创新、形成的经验可以推广"为原则，同临沧市27个委办局就各自领域亮点工作进行了座谈、调研，在33小时访谈录音、46.2万字调研记录的基础上，初筛了预备案例80余个；2023年上半年，编制组分多次踏访了临沧市全部1区7县，对30余个预备案进行了实地调研，对数百位利益相关者开展了参与式访谈，最终遴选并细致梳理形成了19个特色鲜明、成效显著的可持续发展典型案例纳入本案例集。本次入选的案例围绕提升互联互通能力、发展环境友好产业、开发民族特色资源、推进美丽家园建设、保障改善民生福祉、增强创新支撑水平等6个方向，涉及绝大多数联合国可持续发展领域，相对立体、丰满地勾勒出了一个向全国、全球讲述可持续发展临沧故事的素材库。

本次编制工作受云南省科技计划项目《联合国可持续发展目标临沧市自愿陈述报告编制研究》（202204AC100001-A11）资助，编制过程中积累的丰富成果，也将为《联合国可持续发展目标临沧市自愿陈述报告》以及《国家可持续发展议程创新示范区典型案例集（二）》提供翔实、生动的支撑基础。

在本次案例集的编制过程中，我们得到了诸多支持和帮助。在此，我们特别感谢云南省、临沧市及所属区县各级政府部门的鼎力支持，感谢编制组专家彰显智慧的辛勤付出，尤其要感谢这些生动案例的缔造者和讲述者，这些动人的经验和富有激情的展示，让我们沉浸式的体验了临沧的发展历程、感受到了从书本文字上无法获得的本土知识。

再次感谢所有的参与者，衷心感谢各位的关注、鼓励和支持，让我们一起推动2030年可持续发展目标的实现，更加主动地讲好可持续发展的中国故事。

《临沧市可持续发展典型案例集》编制组

2023年6月

目录

3　编制机构及撰稿人
5　前　言

第1篇　提升互联互通能力

002　1.1　共商、共办、共享交流平台，强化对外合作
　　　　　——中国（临沧）—缅甸（腊戌）边境经济贸易交易会
008　1.2　打造现代立体交通网络，惠及边疆地区跨越式发展
　　　　　——临沧市域综合交通基础设施建设

第2篇　发展环境友好产业

018　2.1　助推产业链全面发展，实现优势农产品利用"从摇篮到摇篮"
　　　　　——耿马傣族佤族自治县蔗糖产业循环经济模式
026　2.2　全产业链发展助推高原特色农业现代化
　　　　　——凤庆县核桃产业转型升级模式
033　2.3　联盟共建推动产业转型发展
　　　　　——凤庆县滇红茶产业振兴路径
040　2.4　基于自然的解决方案实现可持续发展
　　　　　——沧源佤族自治县芒摆有机茶园管理模式
047　2.5　森林可持续经营引领特色资源开发利用
　　　　　——双江拉祜族佤族布朗族傣族自治县《联合国森林文书》履约
　　　　　　示范单位实践

第3篇　开发民族特色资源

056　3.1　多方参与的民族特色非物质文化遗产活化
　　　　——镇康县"阿数瑟"民间文化艺术保护与传承

063　3.2　"六个共同"推进民族团结进步
　　　　——双江拉祜族佤族布朗族傣族自治县沙河乡景亢村基层社会治理经验

069　3.3　同步推进美丽乡村建设与经济高质量发展
　　　　——凤庆县安石村"六园共建"模式

第4篇　推进美丽家园建设

080　4.1　建设美丽家园　维护民族团结　守护神圣国土
　　　　——临沧市现代化边境小康村建设经验

089　4.2　"共叙乡情　共建家园　共谋发展"，内联外引回馈乡村发展
　　　　——临沧市万名干部规划家乡行动

098　4.3　乡村振兴理事会激活群众内生动力，促进共同富裕
　　　　——凤庆县二道河乡村旅游发展模式

第5篇　保障改善民生福祉

108　5.1　整合优化医疗资源，实现县乡村服务一体化
　　　　——云县紧密型县域医疗卫生共同体建设

116　5.2　推进教育资源共享和整合，促进城乡教育均衡发展
　　　　——永德县小学教育一体化办学经验

123　5.3　农村妇女技能提升和创业赋能
　　　　——临沧市乡村振兴巾帼行动

第6篇　增强创新支撑水平

132　6.1　人才下沉赋能欠发达地区农业农村发展
　　　　——临沧市推进科技特派员制度工作实践

140　6.2　数字赋能治理能力和服务水平现代化
　　　　——临翔区玉龙社区智慧治理模式

147　6.3　智慧法院创新方案助推矛盾纠纷多元化解
　　　　——临沧市"无讼临沧"数字化平台研发

155　后记

第1篇　提升互联互通能力

　　坚持共商、共建、共享，构建"五通"新格局，打造国际合作新平台，增添共同发展新动力；立足特色资源优势，强化国内合作，打开开放合作新局面。

　　临沧优势在区位，出路在开放，发挥区位优势，加快推进开放合作平台建设，提升合作层次和水平，建成临沧联通国际、国内的重要通道，促进与缅甸等周边国家的交流合作，提高国内开放合作水平，在更大范围、更宽领域、更深层次上推动开放型经济发展。

——《云南省临沧市可持续发展规划（2018—2030年）》

1.1 共商、共办、共享交流平台，强化对外合作
——中国（临沧）—缅甸（腊戍）边境经济贸易交易会

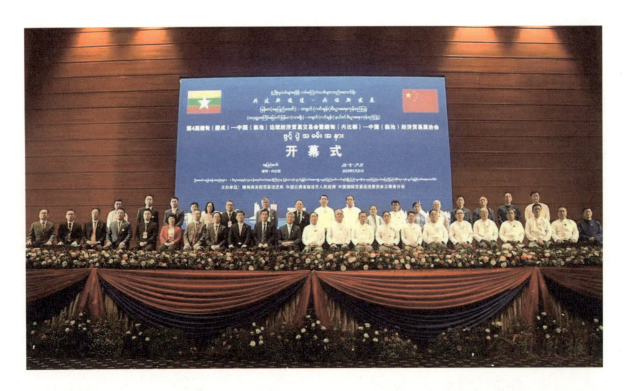

中国（临沧）—缅甸（腊戍）边境经济贸易交易会是中缅两国政府积极推动中缅边境经济合作的一项重要举措。以共商、共办、共享的理念为核心，通过政府、企业和民间组织三方合作，中国（临沧）—缅甸（腊戍）边境经济贸易交易会使得中缅双方政府、企业、商会、社团各方人员在中缅边交会平台上和系列活动中得到了充分的交流与展示，不断拓宽贸易渠道，有效促进两国间经济、贸易、文化等领域的交流与合作，已成为两国边境地区沿边开放的重要经贸合作平台之一，为SDG8（体面工作和经济增长）和SDG17（促进目标实现的伙伴关系）落实提供了翔实的案例经验。

在沿边地区举办边境经济贸易交易会，作为一个展示最新产品和服务、开拓新市场、拓展商业关系的平台，通常聚集来自不同国家和地区的政府机构和企业参加，以了解最新市场趋势，探索新的商业机会，增加业务合作和交流机会，有利于更为直接、高效地促进边境地区经济贸易的良性互动发展。

随着"一带一路"倡议的提出和落实，缅甸作为中国在"一带一路"倡议中的重要节点和合作伙伴，其地理位置优势和自然资源使得其成为中国企业的投资和贸易重点对象。伴随着经贸关系快速发展，两国在基础设施建设、能源、农

业、制造业等领域有着广泛的合作。通过加强经贸交流、共同开发资源、推进基础设施建设等方面的合作，两国可以实现互利共赢，促进地区经济发展，对减少不平等和促进城镇和社区可持续发展有着积极的作用，进而为社会、环境等可持续发展目标作出贡献。

中缅边境经济合作涉及多个领域和多个方面，相关的政治、经济、文化等问题也很复杂。因历史、文化、宗教等因素的影响，两国在贸易和投资自由化便利化的进程中，双边存在政策、制度和法律等方面的差异亟须对接协调。在国际视野下，推动两国经济合作的可持续发展，需要平衡各方利益，尤其需要两国的政策引导和规划。

为发展中缅两国经济合作，双方中央政府相继出台了一系列政策，将中缅边境经济合作纳入"一带一路"建设的大局中。2017年11月，中方向缅方提议，建设一条人字形中缅经济走廊。2017年12月，习近平主席与昂山素季国务资政就共建中缅经济走廊达成重要共识。2018年9月，两国政府签署《共建中缅经济走廊的谅解备忘录》，随后，中缅经济走廊联合委员会第一次会议在北京举行。双方同意成立发展规划、产能与投资、交通、能源、农业、边境经济合作区等12个重点合作领域专项工作组。为推进"一带一路"建设，中缅双方还成立了中缅经济贸易和技术合作联委会、中缅经济走廊联合委员会等双边"一带一路"合作机制以及中缅经济走廊论坛等合作平台。此外，中国政府还发布了《中国（山东）、（江苏）、（广西）、（河北）、（云南）、（黑龙江）自由贸易试验区总体方案》《关于支持云南加快建设我国面向南亚东南亚辐射中心的意见》等文件，明确支持临沧市开展与缅甸的经济贸易合作。

在省级层面，中国云南省政府出台了"大通关、大物流、大市场"发展战略，推动云南与东南亚国家的经济合作，构建中南半岛经济圈。云南省政府实施了《云南省沿边开放经济带发展规划（2016—2020年）》，旨在加强云南与缅甸、老挝、越南等周边国家的经济联系，推动跨境贸易和投资合作。此外，云南省政府制定了《云南省参与中缅经济走廊建设实施方案（2020—2030年）》《关于印发云南省"十四五"产业园区发展规划的通知》和《云南省建设面向南亚东南亚经济贸易中心实施方案》等政策文件，对云南充分发挥区位优势、开放优势、人文优势，深度参与中缅经济走廊建设起到很好的指导和促进作用。

在市级层面，云南省临沧市为建设国家可持续发展议程创新示范区，提出边境经济开放合作行动组对缅甸开放"五通"。2020年8月，临沧市人民政府办公室《关于印发临沧市建设国家可持续发展议程创新示范区边境经济开放合作行动组对缅开放"五通"三年行动方案（2020—2022）的通知》（临政办发〔2020〕70号），提出"深化政策沟通""加强设施联通""提升贸易畅通""扩大资金融通""促进民心相通"。2022年11月，为推动中缅印度洋新通道实现常态化、规范化、规模化、效益化、智慧化运行，临沧市人民政府办公室《支持中缅印度洋新通道海公铁联运物流产业链主企业发展壮大的若干措施》，为发展中缅两国经济合作进一步发挥临沧市地利优势。2023年4月，缅甸滚弄大桥合龙仪式在掸邦滚弄镇举行，也标志着临沧市为实现"五通"迈出了重要的一大步。

云南临沧市地处北回归线和太平洋与印度洋两大水系地理分水线的十字路口，与缅甸山水相连，自古以来就是我国南方丝绸之路、西南丝茶古道上的重要节点，东西沟通两洋，南北连接丝路，是我国连接印度洋最近的陆路通道，区位优势无可比拟。现具备1个国家级边境经济合作区、1个国家级口岸、2个省级口岸、19条贸易通道，对外开放的条件得天独厚。缅甸腊戌市同样是中缅边境的重要城市，也是缅甸北部重要公路汇集及货物集散地，其境内自然资源丰富，有森林、草原、农田等资源。但是，由于多种原因，与临沧市相比较，腊戌市的经济发展相对滞后，基础设施建设薄弱，生态环境和资源保护等方面存在不少问题。

为了推动两国经济合作的发展、共同实现可持续发展目标，中国和缅甸政府、企业以及民间组织积极探索建立共商共办共享交流平台的合作模式——中国（临沧）缅甸（腊戌）边境经济贸易交易会（以下简称"中缅边交会"）。首届中缅边交会于2019年开始举办，取得了显著的成果，至2023年已成功举办四届（图1.1）。

首届中缅边交会以"'一带一路'胞波同行"为主题，中缅双方高层政府对该活动高度重视。缅甸商务部长吴丹敏在开幕式上表示，"临沧和腊戌都位于两国共建'一带一路'通道的汇集点，举办此次边交会旨在进一步提升两国双边贸易水平和扩大投资"。中国驻缅甸大使馆公使衔参赞李小艳表示："中缅两国经济互补性强，双方在农业、旅游、产能、基础设施、工业园区等领域合作空间广阔，相信此次边交会将为两国企业合作、中缅共建'一带一路'和中缅经济走廊提供更多机遇。"中国驻曼德勒总领事王宗颖说："腊戌是缅甸北部重要门户，是缅北重要商品集散地，距中缅边境仅100多公里。此次边交会将为两国商家和民众搭建一个扩大友好交流和互利合作的平台"。时任云南省临沧市委书记杨浩东表达了希望边交会的举办能促进两地经济发展、增进边境人民福祉的祝愿。首届中缅边交会吸引了来自中缅两国400余人，80多家企业参展，展位达到140余个，达成了超过1亿元人民币的贸易合作意向（图1.2）。

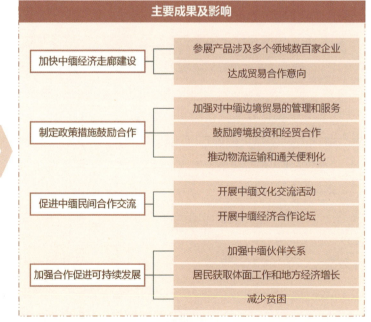

图1.1 中缅边交会主要做法及成果示意

图1.2 首届中缅边交会展馆一角

图1.3 第二届中缅边交会开幕式

2021年8月,第二届中缅边交会以"共建新走廊续写胞波情"为主题,线上线下同时举办,中方在临沧市会议中心设置主会场,缅方在仰光、内比都、东枝、腊戌设置分会场,在中国"云上南博会"线上展会平台设立"第二届中缅(临沧)边交会"专馆进行中缅企业商品线上展示,共历时5天。中国驻缅甸使馆参赞谭书富应邀出席并致辞,临沧市委书记杨浩东、云南省商务厅副厅长王晓华,缅甸掸邦商务部长吴空登貌、缅甸商务部常务秘书吴明明、缅甸驻华大使吴苗丹佩以及中缅参展商、采购商等参加活动。此次边交会吸引了来自中缅两国的近280家企业参展,主要参展产品覆盖了农产品、生物医药、家电、塑料制品、服饰、丝绸等以及宝石、食品、旅游商品、茶叶、咖啡、水产品、ICT服务业和农产品等缅甸特色产品。中方参展企业有172家,采购商85家,主要参展产品有农产品、生物医药、家电、塑料制品、服饰、丝绸等;缅甸参展企业27家,主要产品有珠宝、木制品、家具、海产品、农产品等(图1.3、图1.4)。

2022年10月,第三届中缅边交会以"共建新通道共享新机遇"为主题,缅方在内比都设主会场,中方在临沧市设分会场。开幕式以视频形式举行,缅甸掸邦商务部长吴空登貌宣布开幕,缅甸商务部贸促局局长杜娜姆达卡波和中

图1.4 第二届中缅边交会线上展销实时情况

国云南临沧市委书记张之政分别致辞。第三届边交会为期4天,共有中缅两国40多个展厅参与展示,产品包括种植出口产品、水产品、珠宝玉石、家具、纺织品、食品、药物以及日常用品等(图1.5)。

2023年5月,第四届中缅边交会以"共建新通道 共谋新发展"为主题,在缅甸内比都举

图1.5 第三届中缅边交会线上开幕仪式

第1篇 提升互联互通能力

办，旨在主动服务和融入中缅共建"一带一路"，不断巩固深化中缅胞波友谊和贸易投资互利合作。缅甸副总理兼计划与财政部部长温辛，中国驻缅甸大使陈海，缅甸商务部长吴昂乃乌，临沧市委副书记、市长杜建辉在开幕式上致辞。第四届中缅边交会历时4天，共设110余个展位，分为中国展区和缅甸展区。以临沧市为主的中方代表团派出由150多名成员组成的经贸代表团赴缅参展，来自云南、山东、四川、重庆、广西、江苏、福建、广东、河南等省（市）的80余家企业500多种产品亮相边交会（图1.6）。

图1.7　中缅企业经贸合作洽谈会签约

（图片来源：今日临沧/临沧市广播电视台）

图1.6　第四届中缅边交会展馆一角

（图片来源：今日临沧/临沧市广播电视台）

图1.8　缅甸副总理温辛（Win Shein）向文艺表演歌舞团送上代表中缅胞波友谊的鲜花

（图片来源：今日临沧/临沧市广播电视台）

在展览交易活动之外，中缅边交会还设置了多个配套活动，例如，中缅经济合作论坛、中缅文化交流活动等，促进了两国间的文化、旅游、科技等多个领域的交流合作。

自2019年中缅边交会成功举办以来，中缅两国已有一大批合作项目落地生根。实践证明，举办中缅边交会是推进双边更高水平经贸合作的有效路径，中缅边交会已被双方经贸界广泛认可，正在成为中缅之间一个有特色、有影响、有成效、不可替代的品牌展会（图1.7、图1.8）。

交易会的举办，通过推动中缅贸易便利化、优化物流运输、拓展多元化合作领域等措施，进一步增强了临沧市与缅甸的商贸往来，促进了地区经济的发展。通过中缅边交会的推动，双方政府也出台了一系列的政策措施和行动，不仅加强了更广泛的经贸交流合作，也为双方的经济发展和民生改善带来了积极的影响。

首先，双方政府基于推动中缅边交会工作，制定了一系列的政策措施，包括加强对中缅边境贸易的管理和服务，鼓励跨境投资和经贸合作，推动物流运输和通关便利化等，这些政策的制定和实施，有助于提高贸易的便利性和效率，促进中缅边境经济合作的深入发展。

其次，中缅边交会为临沧市和缅甸之间的经贸交流搭建了一个重要的平台，在推进中缅边境经济合作过程中，建立了完善的政府协调机制，充分发挥政府在引导和推动经济合作中的作用。

最后，政府还积极推动民间交流，扶持民间经济合作，吸引了许多企业和投资者的关注和参与，加强了两国之间的贸易和投资合作，也为中缅两国的民间交流提供了一个重要的机会，增进了两国之间的友谊和互信。通过促进双方的贸易和投资合作，促进双方的产业互补，促进就业，提高居民收入水平，有利于地方经济增长和居民获取体面工作，增加居民收入水平，从而减少贫困。

中缅边交会，作为推动两国经济合作的发展，中国和缅甸政府、企业以及民间组织积极探索建立共商共办共享交流平台的合作模式，通过边境贸易促进边境地区经济发展，提高所在地区人民生活水平，集中体现了SDG17"加强执行手段，重振可持续发展全球伙伴关系"强调的建立伙伴关系，促进可持续发展，进一步强调了跨国合作和互惠互利的重要性，以及SDG8"促进持久、包容和可持续经济增长，促进充分的生产性就业和人人获得体面工作"的可持续发展目标。

参考资料

[1] 今日临沧微信公众号.聚焦第四届中缅边交会｜推窗向洋 携手共赢[EB/OL]. [2023-05-31]. https：//mp.weixin.qq.com/s/i6G8Z8qBBT2BM7MRIR7bxQ.

[2] 今日临沧微信公众号.聚焦第四届中缅边交会｜"UP临沧"精彩亮相缅甸内比都[EB/OL]. [2023-05-31]. https：//mp.weixin.qq.com/s/B3N5iDTeoA3MuNpvUWQgmw.

1.2 打造现代立体交通网络，惠及边疆地区跨越式发展
——临沧市域综合交通基础设施建设

针对边疆多民族地区受限于地理条件导致交通建设滞缓等不利因素，限制其对外开放发展，沿边区位、民族文化、自然生态等特色优势没有转化为经济优势。临沧市紧抓"一带一路"、交通强国、国家可持续发展议程创新示范区等建设机遇，高度重视综合交通基础设施建设，以打造现代立体交通网络为目标，成功地实施了立体交通网络建设、运输服务保障提升、国际物流通道衔接等措施，促进了边境贸易，为实现全域脱贫建成小康，发挥了巨大作用，凸显城乡发展的后发优势，促进了SDG8（体面工作和经济增长）、SDG9（产业、创新和基础设施）、SDG11（可持续城市和社区）、SDG17（促进目标实现的伙伴关系）等目标的落实。

立体交通网络是指公路、铁路、水运及航空等各种运输方式相互结合，如铁水联运、公水联运、公铁联运等，形成公铁水空相互连接、相互补充的交通运输网络，以此充分发挥各种运输方式的比较优势和组合效率。在联合国可持续发展目标中，高度重视立体交通建设在可

持续发展中的重要作用，特别是立体交通建设对基础设施、经济发展和社会公正等方面的问题，如SDG9"建设具备抵御灾害能力的基础设施，促进具有包容性的可持续工业化，推动创新"、SDG11"建设包容、安全、有抵御灾害能力和可持续的城市及人类住区"。此外，立体便捷的交通网络将促进物资的流通、文化的交流、旅游业的发展、经济的繁荣（对应SDG8"促进持久、包容、可持续经济增长，促进充分的生产性就业和人人获得体面工作"）。对于边境地区，通达的交通还是实现SDG17（促进目标实现的伙伴关系）的重要前提。

沿边地区往往具备着独特的区位开放潜力、丰富的民族文化资源、优良的生态环境和丰饶的自然资源。但由于地理位置偏远、地势险峻、气候恶劣等原因造成现代化交通设施建设历史欠账严重，实现经济、文化、生态资源畅通、高效交流难度大。

因此，对于边疆多民族欠发达地区，为改善当地居民的生活和经济发展水平，制定具有战略性及可实施性的交通基础设施发展规划，并在此过程中尽可能地发挥自身优势，将有助于实现特色资源转化、多民族及国家间文化交流、促进经济发展。

2017年，国务院印发《"十三五"现代综合交通运输体系发展规划》，规划明确要发挥云南开发开放优势，建设云南面向南亚东南亚辐射中心，极大促进云南省综合交通的发展。同年，国家发展改革委、交通运输部联合发布了《面向南亚东南亚辐射中心综合交通运输发展规划（2017—2030年）》，这是国家特别为云南出台的综合交通发展规划，对云南建成国际运输走廊、国内运输大通道和综合交通枢纽具有重要支撑作用。

早在2016年，云南省政府以及省交通运输厅分别出台了《云南省中长期及"十三五"铁路网规划》《云南省公路水路邮政交通运输"十三五"发展规划》，将提升基础交通设施建设、构建完善的立体交通网络的重大目标。2022年，云南省交通运输厅印发了《云南省综合交通枢纽"十四五"发展规划》，肯定了"十三五"云南交通基础设施建设的成就（综合运输大通道加快成形、综合交通网络初具规模、综合客运枢纽站加速建设、综合货运枢纽站初步建设），也明确了云南省自身的交通枢纽战略定位（面向南亚东南亚的国际门户枢纽、快通西南辐射全国的区域枢纽中心、省内客货运输高效循环的服务载体、城市空间拓展及经济开发的新引擎）。同年，省交通运输厅发布《云南绿美交通三年行动》，计划用3年时间建设绿美公路5万公里，全面推进交通沿线增绿扩美，提升交通沿线绿化美化水平。

临沧市位于中国云南省西南边陲，是一个拥有丰富自然资源和文化底蕴的边疆城市，其3个县与缅甸接壤，有1个国家级口岸，经临沧清水河口岸出境，是中国直通印度洋最便捷的陆上通道，区位优势无可替代。然而，交通成为制约临沧发展的最大"瓶颈"，"十三五"以前，临沧没有一寸高速公路、铁路，当地居民出行及货物运输成本高，沿边区位、民族文化、自然生态等特色优势没有转化为经济优势。

为推进"十三五"立体交通网络建设，临沧市于2017年印发了《临沧市"十三五"综合交通发展规划（2016—2020年）》，推动临沧综合交通网络由线路"末端"向国际运输通道、南亚交通枢纽发展转变，构筑畅通的国际运输大通道。2019年临沧市人民政府成立了"临沧市决战县城高速公路'能通全通'工程领导小组"，时任市委副书记、市长张之政任组长。2020年，为推进交通建设等重大工程，市委、市政府成立"临沧市推进重大项目建设总指挥部"，市交通局印发《关于"互联互通"及"十四五"高速公路前期工作推进方案的通知》。2022年，临沧市编制了《临沧市绿美交通十年规划（2022—2031年）》和《临沧市绿美交通三年行动方案（2022—2024年）》，同年10月临沧市颁布了《临沧市"十四五"及中长期综合交通运输发展规划》，就"十三五"期间临沧市的交通建设总结，包括固定投资的提升，铁路、公路、民航、水运以及枢纽等建设成果，运输能力以及服务质量的提升，运输安全的稳定等，也总结了存在的问题，并对临沧市在"十四五"期间的发展目标进行了具体部署。

解决交通制约问题是临沧实现跨越式发展的制胜法宝。临沧市紧抓"一带一路"和长江经济带、交通强国、国家可持续发展议程创新示范区建设、"乡村振兴战略"等国家重大发展战略，结合临沧"区位、开放、资源"三大优势，形成：打通"新通道"、建好"高速网"、织密"铁路网"、拓展"航空网"、延伸"新航道"、畅通"微循环"、构建"绿美交通"等七个重要要素，全力抓综合交通基础设施建设。

打通"新通道"——推开临沧交通的一扇窗。

中缅印度洋新通道，是"中国—缅甸—印度洋国际物流新通道"的简称，以我国内陆地区为起点，途经云南省，从中缅陆路边境口岸出境，经缅甸腊戍、曼德勒等地，从缅甸皎漂港或仰光港进入印度洋，通过海公铁联运的方式，联通环印度洋地区的国际物流大通道，是云南南向陆海大通道的主渠道之一，具有巨大的战略价值、时间效率、经营灵活性和发展潜力。自2021年8月，中缅印度洋新通道海公铁联运试通首发以来，至2022年底，累计完成双向专列运输20批次、720标准箱、2.18万吨、3.48亿元。成功运营"重庆—临沧—缅甸""四川德阳—临沧—缅甸""深圳—临沧—仰光—印度"等海公铁联运国际班列，实现与中欧班列、满俄班列和长江黄金水道的全面对接（图1.9、图1.10）。

图1.9　中缅印度洋新通道（缅甸—临沧—四川德阳专列）发车仪式

图1.10　集装箱公路运输

建好"高速网"——撑起临沧交通一片天。

自2017年12月18日，机场高速公路建成通车，临沧结束了没有高速公路的历史，正式进入"高速时代"。截至2023年3月，临沧市累计建成高速公路468公里，其中临沧机场高速、墨江至临沧、镇康至清水河、云县至凤庆高速公路已全线建成通车，其他项目加快建设并分段建成通车。南涧至云县高速公路2021年12月29日启动建设，巍山至凤庆、双江至沧源（勐省）高速公路2022年9月28日启动建设。凤庆至永德、双江至澜沧、云县至昔归、昌宁至链子桥4段高速公路前期加速推进。清水河至缅甸腊戌至曼德勒高速公路项目正在会商研究中（图1.11、图1.12）。

图1.11　墨临高速公路通车仪式

图1.12　临清高速公路与临沧机场高速公路南信桥交汇点

织密"铁路网"——助推临沧第二次跨域。

2015年12月6日，大理至临沧铁路开工建设，该线路穿越无量山脉，跨过澜沧江，全长202公里，其中临沧市境内96.4公里，全线有176.3公里的桥梁和隧道，于2020年12月30日按动车标准建成通车。这是全国第一条成功处置花岗岩突发大规模涌水超过2000万立方米灾害隧道的铁路，是云南省第一条提前半年建成通车的铁路。大理至临沧铁路激活了临沧的人流、货流、物流、信息流，临沧到大理仅1小时30分钟，临沧至昆明3小时20分钟，临沧全面融入全省4小时经济圈，实现全省综合交通体系互联。大理至临沧铁路作为中缅经济走廊国际大通道的重要组成部分，在未来将发挥更大的作用（图1.13~图1.15）。

在省委省政府的坚强领导下，在临沧市委市政府矢志不渝坚持推动，临沧至清水河铁路作为新开工储备项目列入了国铁集团2023年勘察设计计划，更被列入国家发改委周调度的2023年全国40个重点铁路前期项目之一，临清铁路前期工作取得历史性突破。项目建成后将实现中缅国际铁路大通道国内段与全国铁路网全面联网，成为国际口岸后方重要的运输通道。目前，项目前期工作加快推进，计划2024年上半年开工建设。另外，临沧至普洱铁路项目已列入国家和云南省铁路十四五发展规划、国铁集团2023年勘

图1.13　大临铁路首发列车上的旅客

图1.14　大临铁路小湾东站

图1.15 杨剑根站长评价大临铁路开通运营

察设计计划；清水河至缅甸腊戍至曼德勒铁路项目正在会商研究中。

拓展"航空网"——迎来临沧交通另一春。

临沧市是云南省第三个"一市两场"的州（市）。临沧博尚机场是云南省建成的第10个民用机场，也是云南新开辟的第88条国内外航线，飞行区等级为4C级，与同类机场相比，当时创造了土石方填筑高度、地质地形条件复杂程度、土石方工程量、地下渗水点多面广量大4个全国第一。沧源佤山机场2016年12月8日通航，先后开通沧源至昆明、沧源至成都、沧源至长沙、沧源至丽江航线。沧源佤山机场为4C级国内支线机场，开创了全国同期同类机场从申报到建成用时最短，且在建造中创下了"三个全国第一"的成绩：最大边坡填筑垂直高度193.3米、最大道槽垂直填筑高度98.63米、最高助航灯光

图1.16 临沧博尚机场和沧源佤山机场

铁塔高度125.5米。2020年11月凤庆通用机场正式开工，目前已完成工程建设并通过竣工验收，预计2023年9月底通航，临沧将成为全省第一个"一市三场"的州（市）（图1.16）。

延伸"新航道"——注入临沧经济发展新动力。

临沧市地处澜沧江与怒江之间，因濒临澜沧江而得名。澜沧江流经凤庆县、云县、临翔区、双江拉祜族佤族布朗族傣族自治县（以下简称双江自治县）4个县（区），小湾、漫湾、大朝山、糯扎渡百万千瓦级水电站泽被千里，库区航运发展潜力巨大。临沧市航道里程447公里，码头10座，百吨级以上泊位17个（客运泊位11个、货运泊位6个）。截至2022年3月，糯扎渡库区水运基础设施建设、澜沧江临沧港至244界碑四级航道整治完成98%（图1.17、图1.18）。

畅通"微循环"——筑好人民群众致富路。

临沧市在国省干线和农村公路建设上取得了骄人的成绩。截至2021年底，临沧市二级公路通车里程达1316公里。2022年底，国道219线龙镇桥至户乃、沧源佤族自治县南撒至岗莫标山二级公路建成通车。通县油路、农村公路、建制村畅通工程、自然村通硬化路等公路基础设施建设到位，2017年底全市建制村公路通畅率达100%。2017年至2020年，全市建成"直过民族"地区及抵边自然村通硬化路5690.7公里，2020年实现"直过民族"地区自然村100%通硬化路。30户以上自然村通硬化路项目入库建设。深入推进"四好农村路"示范创建，巩固和深化农村公路管理养护体制改革，抓好日常管理养护，确保农村公路安全畅通（图1.19~图1.22）。

图1.17　澜沧江244界碑至临沧港四级航道建设工程开工仪式

图1.19　通县油路

图1.18　"惠民号"首航仪式

图1.20　建制村畅通工程

图1.21 自然村通硬化路

图1.23 鲜花大道

图1.22 抵边自然村公路

图1.24 绿色大道

构建"绿美交通"——奋力迈向高质量发展新征程。

2022年，临沧市建成绿美公路1206公里，全面完成云南省交通厅下达的917公里建设任务（普通国道131公里、农村公路786公里）。预计将建设绿美公路14472公里，还将建设绿美机场3个、绿美铁路客运站2个、绿美码头2个，不断拓展绿美交通的广度和深度（图1.23、图1.24）。

随着立体交通设施的完善，临沧市经济及居民生活水平显著提升。据2022年统计，临沧市城镇常住居民人均可支配收入从2017年的25056元增加到33720元，农村常住居民人均可支配收入从9814元增加到14196元。9.4万户36.9万人建档立卡贫困人口全部脱贫、562个贫困村全部出列、8县（区）顺利摆脱贫困。全市粮食种植面积稳定在432万亩以上，产量实现了十四连增，累计建成高原特色农业产业基地2200万亩，全市城乡面貌日新月异、各项事业欣欣向荣。2022年底，中缅印度洋新通道累计完成双向专列运输20批次、实现新通道进出口货物149.48万吨、进出口额65.8亿元（图1.25、图1.26）。

作为典型的边疆多民族欠发达地区，临沧市通过打造现代海公铁飞的立体交通网络，实现了跨区联通，促进了边境贸易，主动服务和融入"一带一路"、孟中印缅经济走廊和长江经济带建设，抓住云南省高速公路、铁路"五出境"通道建设机遇，打通临沧连接相邻州市、长江经济带和与缅甸连接的交通通道。建设面向

图1.25 公路货运

图1.26 高快物流运输

南亚东南亚高效、安全、便捷的现代立体交通网络。加快建设昆明至孟定清水河大通道、"一带一路"和长江经济带连接通道（自临沧、大理向北连接攀枝花、成都、重庆等重要节点城市，向南延伸至缅甸曼德勒、仰光、皎漂港）、云南沿边地区运输大通道的铁路和高速公路等交通基础设施。进一步促进国际、国内资源高效开发利用，实现产业链延伸，拓展发展空间，把临沧建成"一带一路"、孟中印缅经济走廊建设重要的战略支撑点，推进边疆多民族欠发达地区创新驱动发展。

参考资料

[1] 搜狐新闻.临沧划重点：聚焦中缅印度洋新通道，推进清水河至腊戍高速公路和铁路[EB/OL]. [2023-03-20]. http://news.sohu.com/a/651418992_121123807.
[2] 临沧市交通运输局.跨越之路——临沧交通20年（2000—2021）[R].

第2篇　发展环境友好产业

牢固树立"绿水青山就是金山银山"的发展理念，坚持生态优先、绿色发展，切实将绿色发展的理念融入发展建设的各个环节，着力提升环境友好型产业发展水平和层次。

立足临沧生态资源，践行澜沧江临沧流域"两山"理论，以澜沧江绿色发展经济带和南汀河生物产业经济带为重点区域，加大生态保护的科学研究，构建绿色创新体系，发展环境友好产业，加快主导绿色产业发展提速增效，实现发展规模与发展质量效益双提升，发展"绿色能源""绿色食品"，打造"健康生活目的地"，为临沧可持续发展注入绿色高质量的新动能，推进乡村振兴，共同致富。

——《云南省临沧市可持续发展规划（2018—2030年）》

2.1 助推产业链全面发展，实现优势农产品利用"从摇篮到摇篮"
——耿马傣族佤族自治县蔗糖产业循环经济模式

针对优势资源转化能力不足、科技创新能力弱、全产业链开发深度和广度不够、未能完全释放出产业发展潜能的问题，临沧市耿马傣族佤族自治县立足资源禀赋，发展高原特色现代化农业，依托耿马绿色食品工业园区建设，着力打造上中下游联动的蔗糖产业链，初步形成了产业链完整、科技创新能力强、带动农民增收多的优势产业集群，实现了产业带动区域经济发展的目标，促进了SDG2（零饥饿）、SDG8（体面工作和经济增长）、SDG9（产业、创新和基础设施）、SDG12（负责任消费和生产）等目标的落实，是联合国工业发展组织"从摇篮到摇篮"的可持续工业发展理念落实的真实写照。

发展循环经济是实现可持续发展的重要路径，"从摇篮到摇篮"是循环经济设计的重要思路之一。与"从摇篮到坟墓"的理念不同，"从摇篮到摇篮"更加注重如何变废为宝，强调循环经济需要因地制宜和就地取材，通过开发利用当地材料实现当地产业升级，为当地开辟新的致富之路。在可持续发展理念不断深入、全球科技创新及新兴产业加速发展的背景下，推进区域性"从摇篮到摇篮"式循环经济的发展，深度开发农产品剩余物、构建可持续发展产业体系，实现创新引导产业升级，是落实《2030年可持续发展议程》的重要体现。

"从摇篮到摇篮"的循环经济，需着眼于构建可持续的消费和生产模式。《2030年可持续发展议程》中SDG12.2指出"实现自然资源的可持续管理和高效利用"，SDG12.5指出"通过预防、减排、回收和再利用，大幅减少废物生产"，SDG12.a指出"支持发展中国家加强科学和技术能力，采用更可持续的生产和消费模式"。在农业资源丰富地区，因地制宜地发展农产品加工优势产业，建立完善的政策体系和基础设施，是实现循环经济的重要支撑，呼应了农业可持续发展和工业可持续发展的主要内容。SDG2.4提出农作方式需要逐步改善土地和土壤质量，SDG2.a指出"通过加强国际合作等方式，增加对农村基础设施、农业研究和推广服务、技术开发、植物和牲畜基因库的投资，以增强发展中国家，特别是不发达国家的农业生产能力"，都在强调促进可持续农业要提升生产力也要注重土地质量；SDG9.5和SDG9.b指出"提升工业部门技术能力，鼓励创新"，并通过"提供有利的政策环境，实现工业多样化，增加商品附加值"。此外，循环经济推动产业升级，产业升级带来经济可持续增长，也响应了SDG8.2提出的"通过多样化经营、技术升级和创新，包括重点发展高附加值和劳动密集型产业，实现更高水平的经济生产力"。

为发展循环经济，节约资源和保护环境，建立健全绿色低碳循环发展经济体系，国家出台关于循环经济及再生资源回收的政策。2005年7月，国务院《关于加快发展循环经济的若干意见》提出必须大力发展循环经济，实现经济、环境和社会效益相统一。2015年4月，国家发展改革委印发《2015年循环经济推进计划》明确了工业、农业、服务业循环经济体系建设任务。2021年，国家发展改革委发布《"十四五"循环经济发展规划》指出，健全"循环经济发展推进体系，坚定地走循环发展道路"（表2.1）。

国家出台关于循环经济及再生资源回收的政策　　　　表2.1

发布时间	发布政策	相关内容
2005年	"关于加快发展循环经济的若干意见"	把循环经济作为由于过度消耗自然资源而产生的经济和环境风险的重要应对措施
2008年	《循环经济促进法》	明确循环经济的相关目标应当纳入地方政府的投资和发展计划
2013年	《循环经济发展战略及近期行动计划》	提出发展经济的进一步目标
2015年	《2015年循环经济推进计划》	明确了工业、农业、服务业循环经济体系建设任务，并提出循环经济要求贯穿到国家实施的重大区域发展战略中
2015年	《中国制造2025》	明确提出大力发展再制造产业，实施高端再制造产业可持续发展
2016年	《循环发展引领计划》（征求意见稿）	目标初步形成绿色循环低碳产业体系、基本建成城镇循环发展体系、基本构建新的资源战略保障体系，基本形成绿色生活方式
2016年	《工业绿色发展规划（2016—2020年）》	加快推动再生资源高效利用及产业规范发展。加快先进适用回收利用技术和装备推广应用。构建区域再生资源回收利用体系。到2020年再生资源利用率达到75%
2017年	《循环发展引领行动》	到2020年主要资源产出率比2015年提高15%，主要废弃物循环利用率达到54.6%左右，再生资源回收率从2015年78%提升至2020年82%
2021年	《"十四五"循环经济发展规划》	推动经济社会发展与资源消耗脱钩；推动经济社会发展与生态环境相协调；健全循环经济发展推进体系，坚定地走循环发展道路
2021年	《"十四五"工业绿色发展规划》	重点行业资源产出率持续提升，大宗工业固废综合利用率达到57%

2005年4月，云南省人民政府印发《关于大力推进云南省循环经济工作的通知》，改变"重开发、轻节约、重速度、轻效益"的发展模式，加快经济增长方式转变，促进循环经济发展。2007年云南省政府颁布了《云南省发展工业循环经济省级专项资金管理暂行办法》，通过金融政策助推发展。2016年11月，云南省政府推出《云南省循环经济促进条例》，对本省行政区域内的生产、流通、消费和废弃物处理等过程中从事与发展循环经济相关的活动及其管理与服务作出规定。2022年云南省委、省政府印发了《云南省生态文明建设排头兵规划（2021—2025年）》，提出将建立健全绿色低碳循环发展的生态经济体系。

蔗糖产业是临沧市最大的传统支柱产业和高原特色优势产业，甘蔗种植面积和产量、蔗糖产量占云南省总量的三分之一，是云南省最大的蔗糖生产地。临沧市将蔗糖产业作为建设循环经济的重要内容，2016年市人民政府《关于巩固提升蔗糖产业的意见》提出发展建立蔗糖产业的循环经济、拓展糖业循环经济链；2018年市政府《关于印发临沧市2018年甘蔗生产工作意见的通知》强调大力发展甘蔗循环经济。

临沧市耿马傣族佤族自治县（以下简称耿马自治县）把扶持蔗糖产业作为构建本地循环经济重要内容，从甘蔗品种选育到制糖副产物综合利用，搭建从农产品种植到加工剩余物全利用的蔗糖产业循环经济模式，落实"从摇篮到摇篮"的设计理念。

耿马自治县地处西南边疆，是亚热带作物基地之一，土地资源丰富，气候条件优越，非常适宜糖料甘蔗、水稻、茶叶、南药、热带水果的生长，被境内外群众称为"勐相耿坎"（意思是黄金宝石之乡）。20世纪60年代，耿马自治县从外地引进甘蔗新品种并试种成功。为繁荣边疆经济、发展边疆人民生活，先后于1967年、1981年、1987年分别筹建了耿马南华糖业有限公司、耿马南华华侨糖业有限公司、耿马南华勐永糖业有限公司，耿马南华糖业有限公司也曾一度成为西南地区最大的食品企业。2014年，日处理1万吨甘蔗的临沧孟定南华糖业有限公司建成投产后，耿马自治县榨糖厂日处理甘蔗约2.55万吨，每个榨季（按120天算）可处理甘蔗300万吨以上。

如何确保甘蔗产量满足榨糖需求？如何提升当地糖产品美誉度？如何处理甘蔗种植及榨糖后产生的剩余物？如何打造产业集群？能否实现农民增收？这些都是耿马自治县在构建蔗糖循环经济过程中亟待解决的难题。

面对上述难题，耿马自治县秉承因地制宜、绿色发展的理念，紧紧围绕"一根甘蔗吃干榨尽"，按照"产业集群发展、资源集约利用、功能集成建设"的产业发展思路，着力打造上中下游联动的蔗糖产业链，开发了以"糖产品、蔗渣、糖蜜、滤泥、蔗叶蔗梢蔗渣综合利用及其他"为内容的"5+N"蔗糖产业链模式，形成了以甘蔗基地为基础"糖、酒、纸、饲、畜、肥、新材料"全产业链发展的格局（图2.1）。

通过建设甘蔗种植基地、提升甘蔗种植的组织化程度、建立甘蔗培育产学研一体化机制、完善甘蔗种植收效的保障体系，实现对蔗糖厂的原料品质供应。

耿马自治县是国家糖料生产保护区的重要组成部分，是国家51个糖料蔗核心基地县（市）之一，"十三五"期间，规划建设国家糖料蔗核心基地20万亩。截至2022年1月，县内已建成甘蔗产业基地41万亩，其中国家糖料蔗核心基地24万亩，超额完成"十三五"规划任务；同时，

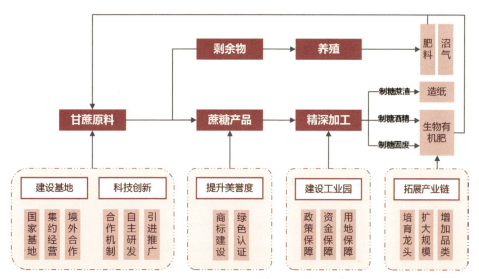

图2.1 耿马自治县蔗糖产业循环经济模式示意图

耿马自治县抓住与缅甸接壤地区优势和双边农业发展资源互补的优势，开展甘蔗代种农业合作，开发境外甘蔗基地12.6万亩。通过甘蔗基地建设，为县内4家大型糖厂提供了稳定的原料供应（图2.2）。

为提升甘蔗种植的组织化程度，耿马自治县采取"互助组""合作社"等发展方式，探索适度规模土地集约化经营，解决种植小户为主、集约化生产程度不高的实际问题。截至2021年8月，全县成立"互助组"1425个，种植甘蔗面积25万亩，甘蔗产量占全县甘蔗产量的46%，产值4.9亿元；共培育"合作社"268个（协会），其中家庭农场3户，农民专业合作社20个，种植甘蔗12万亩、产量60万吨，占全县甘蔗产量的27%（图2.3）。

耿马自治县与中国热带农业科学院甘蔗研究中心、国家甘蔗工程技术研究中心等科研院构建合作框架，建立基层专家工作站、甘蔗体系耿马甘蔗试验站等研究站点。针对如何提升甘蔗每亩产量，耿马自治县自主研发多项国家知识产权专利，其中，甘蔗除草全膜覆盖技术获云南省专利三等奖，实现每亩增产1.5吨以上。为破解甘蔗品质退化、产量下降的困境，耿马自治县通过不断加大甘蔗良种引进、试验、示范和推广力度，形成"引进一批、试验一批、成熟推广一批"的良性推广机制，截至2022

图2.2 甘蔗新品种种植研究示范基地

图2.3 1994年耿马自治县糖厂荣获中国食品加工业最佳经济效益企业

年7月，全县脱毒健康良种苗推广面积达6万余亩，良种良法配套技术推广获得云南省农业技术推广二等奖（图2.4）。

图2.4 甘蔗除草全膜覆盖技术获得云南省专利三等奖

通过引导企业加强品牌培育、认定保护、宣传推广，提升本产地蔗糖品牌知名度和市场竞争力。

为提升耿马自治县蔗糖产品的美誉度，打造蔗糖产品的品牌及口碑，耿马自治县鼓励和支持企业进行无公害蔗糖、绿色底糖、有机蔗糖认定和产品认证，积极申报知名商标、著名商标、驰名商标，提升"耿糖"原生态品牌知名度和市场竞争力。截至2023年5月，已有"景戈塔"等两个品牌成为云南省著名商标；"白象牌"通过国家绿色制造示范认定，正在大力推进国家绿色蔗糖认证和10万亩绿色甘蔗基地认证。

通过精深加工蔗糖、综合利用加工剩余物，着力开发从甘蔗制糖向造纸、食用酒精、生物工程等产业延伸，形成"糖、酒、纸、饲、畜、肥、新材料"的蔗糖全产业链格局。

在综合利用甘蔗种植副产物方面，耿马自治县依托云南七彩田园牧业有限公司、耿马新大康牧业有限公司等省级农业龙头企业，采取"公司+示范基地+专业合作社+养殖户"方式，用甘蔗叶、蔗梢生产畜牧青贮饲料，大力发展蔗梢养牛；养牛厩肥作为沼气池原料，解决蔗农生活燃料问题；沼气池废液（渣）还田，增加土地肥力，最终形成蔗、畜、沼、地的种养循环，提高农业综合产出，增加蔗农收入。

在精细蔗糖产业深加工方面，耿马自治县发挥龙头企业作用，推进"第二车间"开发和扩大产品种类及生产规模。广西洋浦南华糖业集团股份有限公司在重点抓好耿马南华糖业有限公司、耿马南华勐永糖业有限公司、临沧孟定南华糖业有限公司、耿马南华华侨糖业有限公司4户制糖企业蔗糖生产的同时，引进和发展纸浆、生活用纸、饲料加工、有机复合肥、酒精等企业，围绕蔗糖产业生产出白糖、酒精、蔗梢饲料、固体有机肥、液体有机肥、蔗渣、纸浆、生活用纸等产品，形成了"甘蔗制糖—蔗渣—造纸""甘蔗制糖—酒精—酒精废醪液—生物有机肥""甘蔗制糖—固体废弃物—生物有机肥"三条产业链。

以建设绿色食品工业产业园区为引领，吸引和聚集企业、技术、人才、品牌资源，打造以制糖业为主体、相关产业协调发展的产业集群。

耿马自治县为推进蔗糖精深加工和配套产业发展，力求做到集中要素资源和优势力量，大力打造绿色食品工业产业园。耿马绿色食品工业园区规划建设22.53平方公里，其中50%以上的入园企业布局涉糖产业，规划总投资104亿元，以发展精制糖、食糖深加工和提高糖蜜、蔗渣、蔗梢等综合利用水平作为重点，研究和开发糖料蔗向深加工、高附加值转化的新产品新产业。截至2022年底，耿马绿色食品工业园区，已有30家企业入驻，开发出30多个蔗糖全产业链下游产品，甘蔗综合利用达到全国第一。通过招商引资，云南紫辰集团生物科技有限公司计划投资3.5亿元的制糖废弃物资源高价值转化利用项目已启动实施，2019年底年产5万吨黄腐酸钾项目建成投产，2021年启动建设年产10万吨高浓度液体肥料和年产16万吨有机（无机）复混肥项目。同时，通过与广西洋浦南华糖业集团股份有限公司、云南紫辰集团生物科技有限公司、上海市黄浦区工商业联合会等进行磋商，逐步引进白糖（红糖）小袋包装、黄腐酸钾肥、酒精消毒液、可降解系列纸产品及糖果系列产品等项目入园发展。截至2022年底，绿色食品工业园区共启动基础设施项目18个，累计完成投资18亿元。2022年蔗糖产业链综合产值达86亿元，甘蔗资源综合利用率居全国前列（图2.5~图2.9）。

(a)

(b)

图2.7　耿马自治县绿色食品工业园标准厂房及保障性租赁住房

(a)

(b)

图2.5　耿马自治县绿色食品工业园区规划沙盘及厂区建设情况

(a)

(b)

图2.8　耿马自治县绿色食品工业园生产车间

通过发展甘蔗产业上下游及配套，带动农民增收，提供多个新增就业岗位。

截至2022年底，甘蔗种植已覆盖9个乡（镇）、1个农场管委会、1个华侨管理区、68个村委会（社区）、2.3万农户12万人，全县蔗农人口占农业人口的57%，蔗农人均甘蔗收入7000元以上，甘蔗收入占农民收入的60%以上，辐射带动贫困人口3488户，13254人。甘蔗种植副产品带动养殖户1.8万户，8.1万人，养殖户人均增收3020元。此外，甘蔗全产业链建设还有效带动了交通运输、商贸物流、农

图2.6　耿马自治县绿色食品工业园蔗糖文化展示中心

耿马自治县绿色食品工业园区副主任钟晓荣说道："我们将不局限于绿色食品，还将继续扩大业务范围。不论是园区设施建设，还是产品精深开发，我们正在把工业园区做大做强。"

图2.9　钟晓荣对耿马自治县绿色食品工业园的展望

资化肥、农村服务业等关联行业发展，县内与甘蔗产业有关的农业服务公司（个体工商户）达128家，可提供2800个就业岗位。同时，糖厂、酒精厂、肥料厂、纸厂等一批制造企业的落户，每年可为周边群众提供3000个就业岗位，实现农业、农产品加工业、农村服务业的融合（图2.10）。

循环经济追求经济效益、社会效益、环境效益三者的协调统一，是生态文明建设的重要途径，发展循环经济已经成为实现碳减排、碳中和的重要途径。对于农业资源丰富地区，耿马自治县蔗糖产业循环经济模式对其因地制宜地发展农产品加工优势产业，从而推进区域循环经济的发展、构建可持续发展产业体系具有经验启示。耿马自治县蔗糖产业循环经济模式的推广，将有助于实现乡村产业振兴，进而实现乡村振兴，同时，也为落实多项可持续发展目标（如SDG2、SDG8、SDG9、SDG12）提供了实践经验。

在作物种植方面，耿马自治县注重种植基地建设，积极提升种植作物的品质和产量。在建设国家级基地的同时，耿马自治县注重地区与农民以利益链机制为纽带、联合建立生产基地，并抓住与缅甸接壤地区优势和双边农业发展资源互补的优势，开发境外种植基地。多类型种植基地的建设，不仅保障了对加工企业的原料供应、增加农民收入，还促进了边境的和平稳定。在提升作物种植品质及产量方面，耿马自治县与各大科

图2.10　蔗糖产业相关产品展示

研机构合作，通过自主研发科学技术、形成"引进—试验—示范—推广"的良性机制，不断增加产量保证品质。

在地方支持工业园建设方面，耿马自治县坚持把强化资金、土地、人才等要素保障作为推进工作的重中之重，充分发挥园区聚集效应和龙头企业带头作用，实现甘蔗产业接"二"连"三"产业转型升级，不断推进蔗糖深加工，构建蔗糖循环利用体系，蔗糖全产业基本实现了废弃物全部循环利用，实现产业可持续发展，形成蔗糖产业循环经济模式的同时，带动农民增收多的优势产业集群，实现了产业带动区域经济发展的目标，促进了SDG2（零饥饿）、SDG8（体面工作和经济增长）、SDG9（产业、创新和基础设施）、SDG12（负责任消费和生产）等目标的落实。

参考材料

[1] 张德元.大力发展循环经济探索可持续发展道路[N].经济参考报，2021-07-15(001).
[2] 威廉·麦克唐，迈克尔·布朗嘉特.从摇篮到摇篮——循环经济设计之探索[M].上海：同济大学出版社，2005：56-69.
[3] 陆学，陈兴鹏.循环经济理论研究综述[J].中国人口·资源与环境，2014，24(S2)：204-208.
[4] 浦明，陈子华，刘映祥，等.糖厂建设能源管理体系的探讨[J].广西糖业，2018(4)：40-45.
[5] 今日临沧.建设国家可持续发展议程创新示范区|一把甘蔗"吃干榨尽"形成蔗糖产业可持续发展模式[EB/OL].[2023-3-20]. https://mp.weixin.qq.com/s/tl0Wf_fCQUCbzAFxYL_Y9A.
[6] 李华杉.搭建中缅边境新的经济增长平台——耿马（孟定）边境经济合作区建设启动[J].今日民族，2012(1)：66-67.
[7] 李春林.临沧倾力构建糖产业阳光平台[J].生态经济，2002(6)：20-23.

2.2 全产业链发展助推高原特色农业现代化
——凤庆县核桃产业转型升级模式

凤庆县以核桃产业高质量发展为主线，立足新发展阶段产业运行特点，抓住"一县一业"核桃产业示范县创建契机，围绕核桃产业种植基地化、采收处理集中化、加工布局园区化、产品生产品牌化、服务配套大数据化等重点环节，探索建立了以核桃产品为主线、核桃产业全过程质量控制为内涵的现代农业全产业链标准体系，形成了加快推进核桃全产业链聚集发展的模式，努力构建从基地建设到产品销售的全核桃产业链发展链条，着力打造全省核桃全产业链聚集发展示范县，为推动SDG2（零饥饿）、SDG8（体面工作和经济增长）、SDG9（产业、创新和基础设施）、SDG12（负责任消费和生产）的落实提供经验。

从可持续发展的观点看，农业现代化既是人类改造自然和征服自然能力的反映，也是人与自然和谐发展程度的反映，是落实科学发展观，建立资源节约型社会的要求，也是统筹人与自然和谐的前提。农业产业化多指以市场为导向，以农户为基础，以合作经济组织为依托，将农业生产的诸环节联结为一个完整的产业系统的过程。农业产业化的发展过程就是农业现代化的建设过程。一方面，农业产业化促进了农业专业化和规模经营的发展；另一方面，农业专业化和规模经营又促进了农业先进技术和设备的推广应用，促进了农业现代化的进程。

因农业生产具有很强的区域性特点，要推进农业现代化进程，须先分析所在区域社会经济发展水平。不同国家的区域性特点不同，即使同一个国家不同区域，同一区域的不同地区，农业生产的条件都存在很大的差异，比如农业人口、地质条件、作物情况、工业及经济水平等。因此，实现农业现代化涉及多个SDG目标，包括：零饥饿（SDG2）、体面工作和经济增长（SDG8）、产业、创新和基础设施（SDG9）和负责任消费和生产（SDG12）等。

农业的发展建设是我国的立国之本。2004年至2023年连续十九年发布以"三农"（农业、农村、农民）为主题的中央一号文件，彰显了"三农"问题在中国特色社会主义现代化时期"重中之重"的地位。2004年，中央一号文件提到"农业依然是国民经济发展的薄弱环节，制约农业和农村发展的深层次矛盾并没有消除"。之后，中央将"加强农业基础建设，加快农业科技进步，提高农业综合生产能力"作为重大而紧迫的战略任务。经过多年的发展，中央一号文件的表述一直发生改变，从"支农"到"支农惠农"到"强农惠农"再到"强农惠农富农"，足以证明我国农业发展取得了长足的进步。

2016年10月，国务院印发《全国农业现代化（2016—2020年）》，对"十三五"期间全国农业现代化的基本目标、主要任务、政策措施等作出全面部署安排，指出"着力推进农业转型升级""着力提升农业可持续发展水平""推进特殊地区农业发展""协同推进农业产品生产与加工业发展"，实现一二三产业融合发展。2022年中央一号文件提出"推动形成'一县一业'发展格局"，同年2月，国务院印发《"十四五"推进农业农村现代化规划》，进一步明确未来农业农村的发展目标，特别提到"构建现代乡村产业体系"，具体表现在"加快农村一二三产业融合发展，把产业链主体留在县城，把就业机会和产业链增值收益留给农民，提升产业链现代化水平"。提升乡村产业链供应链将成为发展农业现代化的重要方向。

2017年1月，云南省人民政府办公厅《关于印发云南省高原特色现代化农业产业发展规划（2016—2020年）的通知》，标志着云南省响应国家号召、结合自身地域特点大力发展农业现代化的决心和行动力。在该规划中，云南省将核桃列为10大重点产业，明确核桃产业的发展方向、发展目标及产业布局，并列出了30个重点发展的县、市、区。2019年，《云南省人民政府关于创建"一县一业"示范县加快打造世界一流"绿色食品牌"的指导意见》出台，计划在全省择优创建20个"一县一业"示范县。2021年12月，云南省农业农村厅《关于印发云南省"十四五"高原特色现代化农业发展规划的通知》提出"加快发展农产品加工业"，以打造"一村一品、一县一业"为基础，持续推进特色农产品加工转化增值，建设以规模化、标准化基地为依托的特色农业产业化示范基地和农产品精深加工示范园区。

临沧是农业大市，多年来，临沧市以深化农业农村改革为动力，着力构建现代农业产业体系，促进一二三产业深度融合。针对发展高原特色现代化农业中的核桃产业，围绕"把核桃产业打造成千亿产值的一个大产业"的目标，坚持"大产业+新主体+新平台"发展思路，全力推动核桃产业全产业链集聚发展。截至2023年

3月，全市核桃面积稳定在800万亩左右，核桃干果总产量60万吨以上。

凤庆县核桃种植历史悠久，自然条件最适宜核桃生长，是云南核桃原产地和主产区之一，被国家标准化管理委员会列为高优泡核桃统一种植标准，2004年12月被国家林业局授予"中国核桃之乡"称号。但长久以来，凤庆县的核桃产业一直被基地管理粗放、原料标准不统一、精深加工能力不足、产品附加值极低、价格持续走低，民众增收贡献率低等种种问题所困扰。

针对上述问题，凤庆县打造核桃全产业链聚集发展，通过建设核桃深加工产业，推动农业产品与加工业协同发展，进而推动一二三产业融合，助推实现高原特色农业现代化。

围绕核桃全材利用、循环利用、高效利用，按"建链、延链、补链、强链"的思路，依托产业园区核桃专业园区建设，凤庆县通过集聚核桃精深加工企业，全力推动核桃全产业链聚集发展，提高核桃资源利用率和核桃产业综合效益（图2.11）。

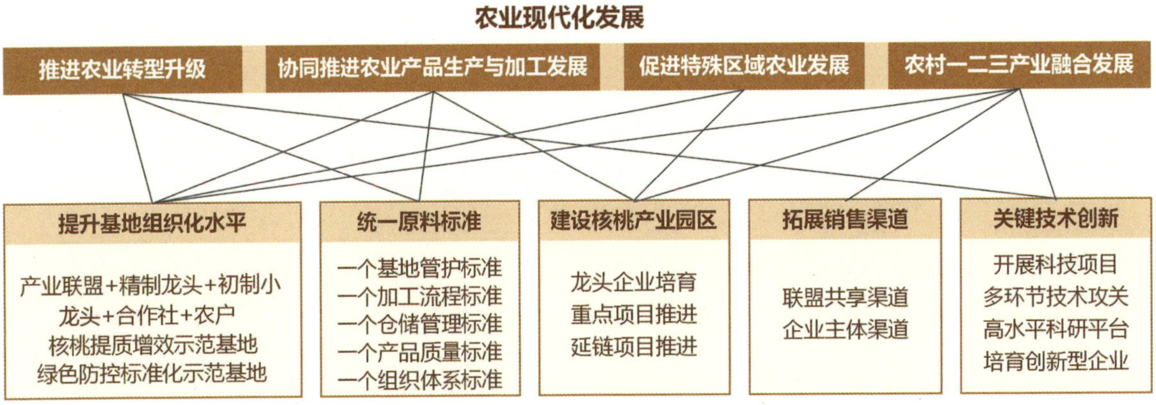

图2.11 核桃全产业链发展助推特色农业现代化

为解决好基地与市场对接的问题，凤庆县从基地端入手，建立机制——以农民专业合作社提升基地组织化水平。

从基地端入手建机制，凤庆县推动形成"产业联盟+精制龙头+初制小龙头+合作社+农户"的联结机制。以426个专业合作社牵头，72名"乡土专家"指导，累计建成核桃提质增效示范基地6.2万亩、示范带动规范管理103万亩、绿色防控标准化示范基地73万亩，认证绿色有机基地48万亩。年内实现核桃产量15万吨，县内青皮果均价1.4元/公斤、水洗果均价13元/公斤、核桃仁均价28元/公斤，分别比县外市场高0.2元、1元和1.5元（图2.12）。

图2.12 核桃有机认证基地

为解决供给端的原料规模和生产标准问题，从干果原料端入手统一标准，实施千户小龙头培育计划。

凤庆县创新推行核桃初加工"五个一"标准（一个基地管护标准、一个加工流程标准、一个仓储管理标准、一个产品质量标准、一个组织体系标准）。在"五个一"标准引领下，投入设备补助资金4736万元，建成核桃水洗果加工站109个，培育核桃加工和商贸流通企业186户，并由临沧工投顺宁坚果开发有限公司牵头组建了核桃水洗果联盟，初步解决了供给端的原料规模和生产标准问题，做实了核桃全产业链聚集发展的第一个环节（图2.13、图2.14）。

图2.13　核桃水洗果生产线

图2.14　凤庆县核桃水洗果联盟企业

为解决企业在成长期间无专业团队、无精力、无能力开拓线下销售渠道的问题，凤庆县以龙头企业培育、重点项目推进、延链项目推进为抓手，打造特色化、专业化、美丽化和智慧化的凤庆核桃产业园区（图2.15）。

凤庆县实施了企业混合所有制改革，加强龙头企业培育，顺利组建了临沧工投顺宁坚果开发有限公司，有效引领和带动核桃精深加工企业较快发展。示范创建以来，累计培育入园企业18户。其中：精制龙头企业临沧工投顺宁坚果开发有限公司、云南紫江食品有限公司、庆丰核桃生物科技有限责任公司、云南一叶生物科技股份有限公司产值年均增幅分别为8.8%、53.6%、95.1%、155%，2021实现产值2.76亿元，销售收入1.9亿元。产业聚集度和综合竞争力明显提高，龙头引领作用初步显现（图2.16、图2.17）。

图2.15　凤庆核桃产业园区

图2.16　凤庆县金融支持乡村振兴示范区建设座谈会

图2.17　园区入驻企业（部分）

凤庆县把核桃全产业链聚集发展作为"一把手"工程，出台处级领导挂钩服务重点企业等工作制度，倒排工期、按日调度，加快在建重点项目建设进度。截至2022年2月，云南凤庆产业园区核桃产业园在建重点项目5个（冷链物流仓储暨托管交易中心建设项目、基配油生产加工建设项目、初加工标准化成套设备制造项目、核桃产业园标准厂房建设项目和全产业链智能物流园基础设施数智化建设项目），概算总投资10.92亿元，累计完成投资7亿元，现已揭牌成立。

凤庆县围绕全产业链聚集发展延链、补链细分领域，策划包装了40个全产业链聚集发展项目，根据聚集发展项目的次生原料规模和项目成熟度，出台《建立健全招商引资工作机制的意见》，建立处级领导挂钩联系重点招商项目机制等"八项工作机制"，精准招商上马新项目。

为核桃全产业链聚集发展拓展新空间，联盟以打造"临沧核家欢"大礼包组合装为突破，深入挖掘联盟共享渠道和企业主体渠道做活市场端。

组建了入园企业的第三方销售平台——凤庆智上营销有限公司，积极探索企业销售渠道共享。通过政府引导，组织4户精制龙头联合开发了包括核桃休闲食品、核桃油、核桃乳等系列产品在内的"临沧核家欢"大礼包组合装，成功亮相省职工创新成果展，在实现市县团体福利采购供货销售基础上，进一步向全省推介。依托历史文化和古树核桃资源，正在谋划打造"百年好核"婚庆伴手礼。另外，为塑造凤庆核桃品牌形象，依托云南山水核桃水洗果联盟，积极推介"云南山水核桃"和"凤庆核桃"区域公共品牌。"凤庆核桃"已纳入2021年第三批全国名特优新农产品名录，农产品地理标志登记申请、证明商标注册申请分别由省农业农村厅、国家知识产权局受理。政府出资156万元在长水机场、高铁昆明站、昆明地铁3号线投放核桃全产业链建设形象广告，以"一日一品"的方式在县内媒体宣传推介核桃产品，凤庆核桃产品的市场认可度不断提升（图2.18、图2.19）。

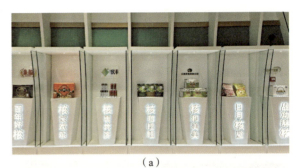

图2.18　核桃产品和礼包

图2.19　高铁昆明站凤庆核桃广告

由政府率队，陪同企业"走出去"，与知名企业、科研院所洽谈合作，助推企业开拓市场渠道。各精制龙头主动作为，开拓线上零星销售和线下大宗供货两个渠道。根据市场反馈，核桃油产品市场需求量年均增长35%~40%。截至2021年12月，临沧工投顺宁坚果开发有限公司与良品铺子、洽洽、百草味、六个核桃等知名品牌达成了生产加工及销售合作；庆丰核桃生物科技有限责任公司在省内16个州市100多个县建立了销售网点，并销往贵州、广西等省；云南紫江食品有限公司产品主要销往上海、深圳、香港等地区；云南一叶生物科技股份有限公司与贝贝熊、贝因美等大型知名品牌销售平台达成了合作，并与云南南药集团股份有限公司、中山大学合作建立了专家工作站。

为解决一二三产业融合之间的重大技术问题，以创新为引领，研发核桃产地初加工、核桃采集清洗、副产品综合利用、核桃品种及成分分析等关键技术，打造科技平台，实现科技创新型企业培育。

以科技项目为抓手，在云南省科技厅的支持与帮助下，临沧市实施了《核桃全产业链科技创新关键技术研究与应用示范》项目，开展了核桃产地初加工技术及设备研发、核桃采收控制技术及核桃青果采收标准等副产物综合利用等科技攻关，并取得成效。制定了核桃产地初加工技术规程16项，研发出核桃仁系列新产品5个，探索出采用1-甲基环丙烯（1-MCP）熏蒸+PE保鲜袋密封+4℃保存的贮藏方案，有效延长青皮核桃保鲜期达2个月，测定出了核桃内氨基酸、黄酮、单宁、糖类等22个主要营养物质的含量，开展了核桃追溯体系建设，完成了系统开发和外部数据的采集。培育了"云南山水核桃"和"凤庆核桃"2个公共区域品牌。

依托多家机构和企业，实现产业多环节的技术攻关：依托核桃采后处理水洗果加工站，以挤压风干方式收集储存核桃青皮，强化核桃青皮利用的技术攻关；依托凤庆核桃产业园区临沧工投顺宁坚果开发有限公司、庆丰核桃生物科技有限责任公司等企业强化核桃硬壳的科技研发与攻关，加快生物质燃料生产利用，并在活性炭、猫砂等产品研发上攻关；与上海市农业科学院合作研究核桃分心木样品，目前已知核桃分心木富含黄酮、多糖、皂苷、生物碱、氨基酸等多种活性成分，可研究用于治疗慢性肾炎、失眠、前列腺炎、糖尿病等疾病的药用价值，已完成仁衣样品分拣处理，待研究分析后，可实现仁衣的高效利用；依托临沧工投顺宁坚果开发有限公司和云南匠圆科技有限公司，借鉴现有技术，研发实用设备，采用全托管机械化采摘方式比市场直购每吨降低了成本3000元，降幅达26%。与往年相比，67户农户试点每亩净收益增加185.7元。

搭建高水平科研平台，临沧国家可持续发展议程创新示范区"院士行"活动在凤庆县举办，在"院士行"的推动下，凤庆县成立了云南省木本油料（核桃）全产业链创新研究院，下一步，将根据核桃产业实际需求，组建6+N个中心，持续开展核桃抗氧化调控、新型天然抗氧化剂、高活性脱氧剂包装材料研发，研制核桃蛋白、肽等高值化利用的新型核桃健康食品。通过持续推进创新链、产业链、资金链、人才链深度融合，将促进产业高效发展，产业结出"飘香果"，不断成为临沧群众增收的希望之果（图2.20）。

图2.20 云南省木本油料（核桃）全产业链创新研究院挂牌成立

培育科技创新型企业，通过开展科技创新，临沧工投顺宁坚果开发有限公司、云南一叶生物科技股份有限公司、云南紫江食品有限公司、云南核润农业科技有限公司等一批深加工龙头企业逐渐发展。2022年，全市核桃加工企业达273户，其中科技型中小企业43户，高新技术企业2户。

通过上述措施，凤庆县的核桃基地管护标准

全面提升、初加工标准化体系更加完善、产品精深加工产业链细分延伸、产业园区平台全面提档升级，开启核桃产业由原料初加工型向精深加工型、核桃产品由中低端向中高端迈进的步伐。同时，凤庆县将核桃产业打造为"一县一业"重要示范建设项目，建设全产业链聚集发展孵化平台，产业园累计完成基础设施配套工程投资3.3亿元、重大项目投资6.5亿元，建成10.7万平方米标准厂房，培育入园核桃加工企业18户。2022年，凤庆县实现核桃产量17万吨，实现综合产值46.4亿元，其中：农业产值18.7亿元，工业产值27.7亿元，实现了核桃生产与核桃加工行业协同发展，也助推了高原特色农业现代化，为落实SDG2、SDG8、SDG9、SDG12提供了实践经验。

参考资料

[1] 杨丽娅. 助推凤庆县核桃全产业链发展[N]. 云南政协报，2023-01-15(006). DOI: 10.38262/n.cnki.nynzx.2023.000190.

[2] 李若芳，熊世鑫. 大数据视角下核桃产业高质量发展对策研究——以"一县一业"核桃产业示范县凤庆县为例[J]. 农村经济与科技，2022，33(10)：78-81.

[3] 杨旭东. 凤庆县——倾力打造中国核桃之乡[J]. 致富天地，2020(9)：46-47.

[4] 张猛杰. 凤庆县着力打造核桃产业经营体系[J]. 云南林业，2016，37(6)：36.

[5] 段芩英. 凤庆县核桃产业发展研究[J]. 绿色科技，2016(9)：138-139. DOI: 10.16663/j.cnki.lskj.2016.09.070.

[6] 王敏正.《云南省高原特色农业现代化建设总体规划（2016—2020年）》解读[J]. 云南农业，2017(8)：11-13.

[7] 字攀安. 如何加快推进云南高原特色农业现代化[J]. 云南农业，2017(6)：10-12.

[8] 李北村. 云南省农业厅印发《云南省高原特色农业现代化"十三五"规划（2016—2020年）》[J]. 云南农业，2016(7)：56.

[9] 字攀安. 以"五大发展理念"引领高原特色农业现代化发展[J]. 云南农业，2016(6)：9-11.

[10] 张寅，王淑娟，何湘. 创新引领高原特色农业现代化[J]. 云南农业，2016(3)：50.

[11] 张玉明. 务实开拓 尽责担当 努力夺取高原特色农业现代化建设新胜利[J]. 云南农业，2016(3)：9-18.

[12] 谭鑫. 科技助推高原特色农业现代化拓局[N]. 云南经济日报，2016-03-03(A02).

2.3 联盟共建推动产业转型发展
——凤庆县滇红茶产业振兴路径

　　为克服凤庆滇红茶产业由于缺乏行业指导、原料管理粗放、产业链各环节缺乏利益联结等因素带来的产业发展困局，凤庆县委、县政府通过议事协商，组建了凤庆滇红茶产业联盟，积极促进茶产业的转型，推动全产业链条发展。滇红茶产业联盟从多方面入手，与企业、合作社、基地、农户等各方建立了全链条组织化利益联结机制，为联盟成员搭建了学习、信息、资源、科研等多方位的交流平台，制定滇红茶产业标准，并净化、拓展凤庆滇红茶的市场。通过联盟建设，凤庆滇红茶产业链条得以整合，质量、品牌声誉大幅提升，茶叶鲜叶收购价格与茶农户收入逐年增长，促进了SDG8（体面工作和经济增长）、SDG9（产业、创新和基础设施）等可持续发展目标的落实。

　　联合国《全球可持续发展报告（2015）》指出，传统农产品产业转型发展是使人们走出贫困并长期保持生活水平改善的重要举措。报告还指出，全球所有已有数十年高增长率的国家都表现出经济结构上的变化，而所有处于贫穷状态的国家，都未能实现结构的变化。联合国工业发展组织（United Nations Industrial Development Organization，简称UNIDO）的研究显示，经济体人均GDP（Gross Domestic Product，简称GDP，国内生产总值）增长和GDP中制造业增加值占比之间存在着很强的相关性。可见，产业转型发展已经成为国家和地区的产业获得持续竞争优势的关键所在，同时也是消除贫困、增加就业和经济增长的关键所在。

在经济全球化和区域经济一体化背景下，由于信息技术革命的推动，产业转型呈现全球化、知识化、服务化和生态化的趋势。全球化表现为产业分工、贸易、资本流动的全球性；知识化表现为高新技术、文化与创意产业已经成为发达国家的支柱产业；服务化表现为现代服务业功能突出和比重上升；生态化表现为更注重绿色与低碳产业发展的新模式。

2019年，联合国粮食及农业组织出版《粮食及农业转型以支持实现可持续发展目标》，指出要将小农户与市场联系起来，使农业和粮食生产者能够以更高的效率、透明度和竞争力进入市场。另外，联合国大会宣布设立"国际茶日"，高度认可茶叶经济、社会和文化价值，振兴茶产业对促进全球农业的可持续发展有重大意义。

农产品产业的转型发展有利于多项联合国《2030年可持续发展议程》目标的落实。SDG8要求"促进持久、包容和可持续经济增长，促进充分的生产性就业和人人获得体面工作"，要求"到2030年，制定和执行推广可持续旅游的政策，以创造就业机会，促进地方文化和产品"，并指出"通过多样化经营、技术升级和创新，包括重点发展高附加值和劳动密集型行业，实现更高水平的经济生产力"。

凤庆县位于云南省临沧市境内，地处澜沧江与怒江之间，是世界茶树原产地中心地带，依托于独特的地理位置及气候因素，凤庆县发展成为中国红茶之乡。凤庆县占地面积3323.78平方公里，全县13个乡镇均有野生茶树和栽培型古茶园分布，茶园面积达344.17公顷，采茶制茶历史悠久，经济潜力巨大，是全国最大的红茶生产基地县。截至2022年9月，凤庆县有茶叶初制所460家、精加工企业73家，全县13个乡镇187个村33.45万人从事茶叶产业。2014年滇红茶制作技艺被列为国家级非物质文化遗产代表性项目名录。2022年临沧滇红茶制作技艺作为"中国传统制茶技艺及其相关习俗"之一，正式列入《联合国教科文组织人类非物质文化遗产代表作名录》。

中国高度重视包括茶产业在内的农村产业的转型发展，在国家、省、地方层面给予了多方面的政策支持。

2018年，《农业部关于大力实施乡村振兴战略加快推进农业转型升级的意见》中，提出加快推进农业转型升级要从坚持质量第一、效益优先、绿色导向、市场导向、改革创新几个大方向入手。2022年，国务院印发的《"十四五"推进农业农村现代化规划》中提出，要"推进农业全产业链开发"，推进农村生产生活方式绿色低碳转型。2015年1月、2020年1月中国国家领导人习近平先后两次考察云南时指出"在推动产业优化升级上下功夫""加快发展新兴产业"，为推动云南省产业结构转型升级、打造中国品牌指明了方向。2021年中华人民共和国农业农村部、国家市场监督管理总局、中华全国供销合作总社联合出台《关于促进茶产业健康发展的指导意见》，推动茶叶产能持续扩大，逐步提升产业链建设整体水平，进一步规范引导、加大扶持，促进茶产业健康发展。《中共中央、国务院关于深入推进农业供给侧结构性改革 加快培育农业农村发展新动能的若干意见》指出，要做大做强优势特色产业，促进茶产业提档升级，将地方土特产和小品种做成带动农民增收的大产业。

《云南省人民政府关于推动云茶产业绿色发展的意见》指出，严格保护古茶树资源，改良低效茶园，通过土壤改良、良种推广、完善设施等举措，持续扩大茶园绿色生产能力，持续扩大有机茶园规模，提升精加工水平，打造绿色化茶园。临沧市把重塑"凤庆滇红茶"品牌影响力作为凤庆县县域经济发展的重点工作和为民办实事的重要事项。凤庆县人民政府《关于贯彻〈临沧市古茶树保护条例〉实施办法》指出，有效保护古茶树资源，规范古茶树的管理活动，促进古茶树资源持续利用，为茶产业转型发展提供助力。国家、省、市和县有关茶产业的一系列政策的出台，为凤庆滇红茶产业转型发展提供了强有力的政策支持。

凤庆滇红茶是以凤庆大叶种为基础的凤庆县境内茶树鲜叶，通过萎凋、揉捻、发酵、干燥等特定生产工艺，形成的具有独特品质特征的茶叶，自诞生以来，在国内外广受赞誉，曾作为国礼赠予来华访问的英国女王伊丽莎白二世。然而，随着社会经济变革，凤庆滇红茶产业受到了行业指导弱化、原料管理粗放、企业与农户缺乏风险共担和利益共享的有效联结机制等因素影响，产生了诸多乱象。近年来，凤庆滇红茶出现了品牌形象不统一，企业间无序竞争，种植加工粗放管理，市场流通良莠不齐，产品研发能力不足，缺乏市场核心竞争力等问题，市场影响力、知名度、美誉度逐年下降。为了实现高质量跨越式发展，凤庆滇红茶努力优化品牌形象、加强企业沟通交流、精准管控种植加工、提高产品研发能力、建立统一销售渠道，推动滇红茶产业转型升级，加快产业结构由中低端向中高端迈进。推动凤庆县滇红茶产业振兴，已成为促进产业绿色健康可持续发展的迫切要求。

针对滇红茶产业发展的困境，凤庆县委、县政府从提升凤庆滇红茶产业组织化程度，打响地理标志证明商标，扩大凤庆滇红茶影响力入手，组建了滇红茶产业联盟，推进全产业链条发展。

凤庆县委、县政府认真学习贯彻省委主要领导在西双版纳州勐海县调研时指出："关于要按照产业化、规模化、标准化、品牌化的思路，打造茶叶全产业链"的指示精神，进行议事协商组建产业联盟，并通过联盟进一步搭建平台、制定标准、拉通链条、打造市场，着力构建"凤庆滇红茶"品牌体系，切实推动凤庆质量"滇红"、品牌"滇红"的发展。

通过议事协商，组建凤庆滇红茶产业联盟。

凤庆县政协在深入走访调研的基础上，组织开展"组建凤庆滇红茶产业联盟"为主题的议事协商活动。政协组织了5个乡镇、18户茶企、11个部门和部分茶农民、茶专家、茶叶经销商开展"重塑凤庆滇红茶品牌影响力、建设中国红茶第一县"协商议事，达成了成立凤庆县滇红品牌建设工作领导小组、组建凤庆滇红茶产业联盟的两条协商意见。

凤庆滇红茶产业联盟由茶行业内的专家、知名学者、代表等人士组成了顾问委员会，由凤庆县滇红建设投资开发集团有限责任公司作为理事长单位，下设有副理事长单位、理事单位、成员单位，并链接乡镇茶叶加工初制所、合作社、茶农、茶园。2021年联盟成立时，共有61家茶叶市场主体加入联盟，在联盟党委的集中领导下，企业的思想和行动前所未有地高度统一。自成立以来，联盟不断发展壮大，联盟成员在半年后达到87家。截至2023年5月，联盟已扩展到110家（图2.21）。

图2.21　凤庆滇红茶产业联盟成员

搭建多方位平台，推进滇红茶产业链组织化进程。

产业联盟凝聚了多方力量，为联盟成员搭建了学习、信息、资源、科研等多方位的交流平台。学习交流方面，产业联盟每季度通过座谈会、经验交流会、联盟培训活动等多种形式开展企业之间的学习交流，相互取长补短。信息共享方面，联盟借助其延伸到茶农、茶企、茶商、市场和政府的多种信息来源，建立信息中心发布产业信息，为行业从业者和政府提供有效信息，为计划和决策提供依据。资源共用方面，联盟优化资源配置，建立联盟的共享资源，如凤庆滇红茶公用品牌、凤庆滇红茶销售平台、宣传平台等，把资源平台效益最大化，减少企业的个体投资。科研创新方面，联盟与科研院所合作，提出产业链研发创新课题，整合利用合作资源和凤庆县的科研平台、人才开展科研项目，在产品、工艺、设备等方面进行创新研究，共享科研成果。滇红产业联盟每年开展2次成员大会、每季度开展理事会，方便联盟成员合作、共享资源。2021年11月23日，云南滇红集团股份有限公司与临沧市农业学校签订了校企合作协议，开辟校企合作、工学结合的人才培养新模式，就资源共享、优势互补、科研创新、学生实习就业等方面达成了合作共识。

制定标准，提升滇红茶产业形象与效益。

联盟成立后，制定并发布《凤庆红茶团体标准》《凤庆滇红茶茶园管理技术规程》《凤庆滇红茶产品包装规范》《凤庆滇红茶精制加工技术规程》等从茶园到茶杯的八项标准。2023年，又制定发布《经典58初制生产技术过程》《滇红1938生产加工技术规程》和《新式茶饮基底茶（工夫茶）初制生产技术规范》。入盟企业在严格执行技术标准体系基础上，方可授权使用地理标志证明商标，实行母子标运行，实现了凤庆滇红茶标准统一、形象统一。联盟通过制定滇红茶产业链相关的技术标准，统一的生产、包装和销售渠道，力求维护好滇红茶产业形象，使联盟企业抱团发展。其中，《绿色茶园管理技术标准》对茶园的绿色化建设提出了标准，有效促进了凤庆滇红茶向绿色化、生态化的转型发展。

联盟通过完善滇红茶标准体系，解决了一些企业由于缺乏统一的标准化管理，生产和经营成本过大的问题，并且转变了企业依靠传统经验进行管理的模式，形成了一套高效合理的滇红茶产业链标准。滇红茶产业联盟的成立和壮大，为滇红茶产品质量与产业整体效益的提升奠定了良好的基础，最大程度地避免了滇红茶市场的无序竞争，通过联盟制度和行业规则提高了滇红茶的市场竞争力（图2.22）。

势互补、利益共享、风险共担的滇红茶产业链合作组织。在产业联盟成立之前，很多企业需要负责茶园管理、初制、精制、市场销售等全产业环节，既加重了企业的负担，也不利于滇红茶产品的整体质量把控。联盟组织动员成员企业与分散在各乡镇、村具有一定规模、生产加工规范、原料基地稳定的初制所建立上下游供销关系，把零散的初制所纳入联盟的链条体系上来，形成了"产业联盟+精制龙头+初制企业+合作社+基地+农户"的闭环利益链条。全链条组织化利益联结机制，使得联盟企业与初制所（合作社）有了稳定的合同关系，初制所、合作社与农户有了鲜叶收购合同关系，完整的产业链条利益联结机制，推动产业链紧密融合。截至2023年4月，联盟企业418个初制所建立了利益联结关系，占全县初制所的80.2%。有效管控茶园面积达44万亩，占茶园总面积的85.2%。链接茶农26万人，占全县茶农的86.6%（图2.23）。

图2.22 联盟推动标准制定

建立利益链接关系，拉通滇红茶产业链条。

凤庆滇红茶产业联盟以产业发展需求和各方面利益为基础，联合产业链上下游企业、初制所、生产基地等，整合资源、互相协助，形成优

滇红茶产业联盟秘书长甘丽珠说道："产业联盟成立之前，企业想要管控茶园，在租金、茶园管理、肥料、采摘等多个层面都要付出时间和精力，成本非常高，不利于企业的发展。有了产业联盟以后，茶农只要负责茶园管理，初制所只要把毛茶做好，精制所就以精制为主，连带销售、品牌，大家各司其职，分工合作，把整条产业链串起来，在降低成本的同时提升了产品的质量。"

图2.23 甘丽珠陈述产业联盟优势

打造品牌形象，提升滇红茶市场影响力。

针对凤庆滇红茶在联盟成立前管理混乱导致市场声誉下降的问题，产业联盟从净化、拓展市场两方面入手，重塑凤庆滇红茶品牌形象，提升市场影响力。一方面，产业联盟以规则约束、行业自律为准绳，建立凤庆滇红茶地理标志证明商标授权、管理、使用制度，规范联盟企业凤庆滇红茶的生产加工。建立"区域公用品牌+企业品牌"共建、共推、共管、共享机制，统一好凤庆滇红茶产业联盟企业包装标注、标识等，提高联盟企业产品辨识度、统一整体形象输出，提升市场知晓率。提请市场监管执法部门，加大市场监管检查力度，每年开展2次市场净化专项行动，不断净化滇红茶流通市场，维护凤庆滇红茶的品质形象。

另一方面，产业联盟充分发挥聚合资源优势，将凤庆滇红茶"走出去"与外部资源"请进来"相结合，将净化后的品牌产品推向市场，形成握指成拳、抱团发展的产业发展新格局。不断拓展凤庆滇红茶市场。联盟加大成员企业及产品宣传，组织联盟成员企业参加国内外知名茶展、茶博会，通过招商引资加强对外交流合作，广泛宣传凤庆滇红茶产品。同时，依托临沧市红茶节、开茶大典等活动邀请专家学者到凤庆县开展凤庆滇红茶论坛、茶文化讲座等学术交流活动，为凤庆滇红茶产业发展建言献策。

2022年9月29日，中国临沧凤庆红茶节暨茶马文化推广周活动启动，邀请了来自全国各地的上百家茶商、茶企、科研机构负责人和专家学者来到凤庆县，开展了游茶山访茶企、重走茶马古道、凤庆滇红茶产业联盟年会等多项主题活动。其中，在凤庆滇红茶联盟论坛暨招商推介会上，副县长杨文霞就凤庆县茶叶全产业链招商项目及招商优惠政策措施进行了推介，进一步加强了凤庆县和全国产销两地的经贸交流合作，扩大了凤庆滇红茶的知名度和美誉度。目前，联盟已与茶百道、速品食品、新荣阳等一批国内知名品牌建立合作关系（图2.24）。

图2.24 滇红茶产业联盟论坛暨招商引资推介活动现场

通过滇红茶产业联盟建设，凤庆县茶叶产量、产值都得到了大幅度提升，有力助推了全县社会经济发展，人民生活水平大幅提高。2022年作为凤庆滇红茶产业联盟成立后的第一年，全县茶农户均收入2.26万元，比2021年1.95万元增0.31万元，增长15.90%；茶农人均茶叶收入达6038元，比2021年5643元增加395元，增加7%。2022年春茶下树前，联盟发布鲜叶收购指导价格比2021年同期平均收购价格增长10%以上，实际增长12.53%；2023年，联盟再次发布鲜叶收购指导价格，茶叶鲜叶收购价格在2022年同期平均收购价格基础上提高6%以上。截至2022年11月，凤庆县已获证绿色产品107款，绿色认证茶园17.48万亩，无公害茶园认证20万亩。

凤庆滇红茶产业联盟的建设经验表明，针对凤庆滇红茶等农产业的发展困境，成立产业联盟，集中各方力量，推动产业转型升级是破解困局的潜在途径之一。通过议事协商组建的滇红茶产业联盟，以实现风情滇红茶产业基地优、品质高、品牌响、市场广、企业强为目标，建立了产业上下游联结与利益分配机制，衔接了产业各环节并优化了市场对接，建立了行业规则与标准体系，提升了凤庆滇红茶整体的科研创新能力，重塑了凤庆滇红茶品牌，通过合力开拓市场，提升了其在红茶领域的影响力。该产业联盟的建设模式有效促进了凤庆滇红茶产业向品牌化、市场化、绿色化、创新化转型，提升了竞争力和农民收入，在贯彻中国对农业转型升级政策的同时，提升了产业整体效益，增强了地区的可持续发展能力，同时助力了乡村振兴，促进了地方经济发展和社会进步。滇红产业联盟的建设对云南乃至全国的其他地区农产业克服瓶颈，实现高质量发展有积极的示范引领作用。

参考资料

[1] 联合国经济和社会事务部.全球可持续发展报告[EB/OL]. [2023-05-12]. https：//sdgs.un.org/zh/gsdr.

[2] UNIDO. Progress report on SDG 9 targets[EB/OL]. [2023-05-12]. https：//www.unido.org/news/progress-report-sdg-9-targets.

[3] 联合国粮食及农业组织."粮食及农业转型以支持实现可持续发展目标"[EB/OL]. [2023-05-12]. https：//www.fao.org/sustainability/news/news/zh/c/1200581/.

[4] 人民网.【沿着总书记的足迹】彩云之南跨越式发展谱新篇[EB/OL]. [2023-05-12]. http：//politics.people.com.cn/n1/2022/0622/c1001-32453013.html.

2.4 基于自然的解决方案实现可持续发展
——沧源佤族自治县芒摆有机茶园管理模式

针对自然生态资源禀赋地区发展经济的同时，如何保持生物多样性、加速当地生态产品所蕴含的内在价值转化，以及在生产实践中如何实现因地制宜地保护性开发等问题，沧源佤族自治县以可持续发展生态系统为理念，搭建现代茶叶产业链。沧源佤族自治县芒摆有机茶园建设积累了生态茶园自然、经济、社会生态圈，推进茶园一二三产业融合的发展经验，形成了生物多样性突出、产品优质安全、经济生态社会效益显著的茶园高效模式，对SDG2（零饥饿）、SDG9（产业、创新和基础设施）、SDG12（负责任消费和生产）、SDG15（陆地生物）的落实具有借鉴意义。

在传统观念中，农业的发展往往意味着原有自然环境的破坏。在人类的发展过程里，刀耕火种、毁林开荒等落后的农业生产方式屡见不鲜。这些不可持续的农业生产，不仅对自然资源利用率低，还破坏了生态环境与物种多样性，对农产品生产自身也造成了严重威胁。

生态农业作为一种新兴农业生产方式，是在保护、改善农业生态环境的前提下，遵循生态学、生态经济学规律，运用系统工程方法和现代科学技术，集约化经营的农业发展模式。在20世纪60年代开始，世界环境意识觉醒，人们开始进行农业的生态化转型，促使农业与资源环境相匹配，实现可持续发展。1987年，世界环境与发展委员会发表了《我们共同的未来》，对当代农业，特别是发达国家工业化式的农业只追求眼前短期利益进行了深刻反思。

生态农业是可持续发展的重要组成部分，有助于实现《2030年可持续发展议程》中的多项目标。SDG12.2提出"到2030年，实现自然资源的可持续管理和高效利用"；SDG9.4要求"到2030年，所有国家根据自身能力采取行动，升级基础设施，改进工业以提升其可持续性，提升资源使用效率，更多采用清洁和环保技术及产业流程"；SDG9.b进一步明确"支持发展中国家的国内技术开发、研究与创新，包括提供有利的政策环境，以实现工业多样化，增加商品附加值"。SDG2要求促进可持续农业，其中SDG2.3提出"到2030年，实现农业生产能力翻倍和小规模粮食生产者，特别是妇女、原住民、农户、牧民和渔民的收入翻番"；SDG15要求"保护、恢复和促进可持续利用陆地生态系统，可持续地管理森林，防止荒漠化，制止和扭转土地退化，遏制生物多样性的丧失"。

为了更好地落实《2030年可持续发展议程》，联合国粮食及农业组织制定了《2022—2031年战略框架》，着力推动转型，确保可持续消费和生产模式，确保在不断变化的气候和环境中打造有韧性和可持续的农业粮食体系。除此以外，包括世界银行、可持续农业网络在内的很多国际组织，都在大力推动农业的可持续化发展。

当前，中国已经进入第二个百年奋斗目标新征程，绿色发展理念深入人心，实现人与自然和谐共生的现代化是中国式现代化的重要特征，现代生态农业是中国农业现代化的根本方向。中国政府对农业问题高度重视，始终在给予政策层面上的大力支持。2015年7月30日，国务院办公厅印发《关于加快转变农业发展方式的意见》，提出要将转变农业发展方式作为当前和今后一个时期加快推进农业现代化的根本途径，数量质量效益并重，由依赖资源消耗的粗放经营转到可持续发展上来。同年，农业部印发了《全国农业可持续发展规划（2015—2030年）》，要求牢固树立生态文明理念，坚持产能为本、保育优先、创新驱动、依法治理、惠及民生、保障安全的指导方针，加快发展资源节约型、环境友好型和生态保育型农业，切实转变农业发展方式。"十四五"以来，2022年，国务院印发《"十四五"推进农业农村现代化规划》，强调促进农业农村可持续发展，牢固树立绿水青山就是金山银山理念，遵循农业生产规律，注重地域特色，推进农业绿色发展，加强农村生态文明建设，加快形成绿色低碳生产生活方式，走资源节约、环境友好的可持续发展道路。2022年，农业农村部印发了《推进生态农场建设的指导意见》，明确了生态农业的发展目标和重点任务，提出了保障措施。文件提出，要通过科学评价、跟踪监测和指导服务，总结推广一批生态农业建设技术模式，探索构建一套生态农业发展扶持政策。2023年，《农业农村部关于落实党中央国务院2023年全面推进乡村振兴重点工作部署的实施意见》中，对加强农业资源保护和环境治理，推进农业绿色全面转型提出了具体举措。

云南省同样将生态农业的发展放在很重要的地位。2015年，为认真贯彻落实《国务院办公厅关于加快转变农业发展方式的意见》，云南省结合自身情况，发布《中共云南省委云南省人民政府关于全面深化改革扎实推进高原特色农业现代化的意见》，从节水农业、种养结合循环农业、农业生态治理等方面积极推进农业可持续发展。2018年，云南省委办公厅印发《关于创新体制机制推进农业绿色发展的实施意见》，从提升农业资源保护和利用水平、加强农业生态环境保护和治理、加强生态系统养护与修复等方面对统筹农业的可持续发展提出了进一步指导意见。在《云南省农业现代化三年行动方案（2022-2024年）》中，明确指出要"紧扣绿色高效"发展农业，如保护耕地、建设云南农业绿色发展先行区和全国重要的绿色农产品生产基地等。

沧源佤族自治县集革命老区、佤族自治县、中缅边境县、民族直过区为一体，县情极为特殊，是边疆少数民族欠发达的典型地区。茶叶是当地普遍适种的经济作物之一，全县茶园总面积12万亩，茶产业覆盖全县11个乡（镇、场）81个村，共有2.3万户9.31万名茶农，影响着全县60%农民的生产生活。长期以来，该地区茶叶种植缺乏科学系统的规划与实践，土地利用方式落后，经济效益偏低，并带来相应的自然损失。

芒摆有机茶园通过近几年的发展，带动当地村民走以循环经济为基础的茶叶全程清洁化生产发展之路，在顺应自然发展规律的前提下，充分利用现代茶叶种植技术和管理体系，提高并分享土地为当地带来的共同经济利益，实现"以林荫茶，以茶养山，以山养人，人与自然和谐发展"的目标。

明确"可持续发展生态系统"理念。

芒摆有机茶园在建设过程中，突出自然生态环境核心要素，以茶叶企业和茶叶专业合作社为实施主体，建设生物多样性突出、产品优质安全、经济生态社会效益显著、可持续发展的高效生态茶园。芒摆有机茶园推行茶园有害生物绿色防控，实现农药化肥双减少，把禁止使用农药纳入涉茶村的村规民约，完善监督举报机制；引导和帮助茶农组建专业合作社，以"企业＋合作社"模式，推进优质原料基地向本地优秀企业集中，鼓励和支持企业开展有机茶、绿色食品、雨林认证、公平贸易等认证。以碧丽源（云南）茶业有限公司为代表的企业，着力打造农村社区、企业员工、利益相关方共同发展的模式。

建立自然生态圈，打造有机茶园。

芒摆有机茶园的选址科学兼顾自然和社会条件。芒摆村地处北回归线"生物优生带"，海拔高度在1500~1820米之间，具有得天独厚的茶叶生长环境。在保护生态环境的前提下，芒摆有机茶园保留了16万株原生桤木和梗边草，通过开垦1.5万亩抛荒地，建立了多成分、多层次、多产出的高效复合人工生态系统。

在耕作方式上，芒摆有机茶园采用基于自然的解决方案，通过形成立体植被和生物多样性群落建设自然生态圈，借助自然规律抵御病虫害和保持肥力。在周边地区的自然资源开发中把握好度，保护周边的原始森林、水源和野生动物。在茶园边界，设立自然隔离带，形成茶园和周边生态系统的缓冲区。茶园内部的建设中，对地被层、中间层和高大层分别进行优化：地被层人工除草，还草入土；中间层在经济作物茶树中合理间种、套种，避免过度损耗并利用植物本身的特性补充肥力。在高大层进行林间种植，林冠起到遮阴作用，减少水分蒸发，根部的根瘤菌能发挥固氮功能，增加土壤肥力，落叶成熟掉落，回归土壤，增加土壤腐殖质，树木本身也有助于涵养水分、防止土壤流失。

在生物多样性保护上，碧丽源·芒摆有机茶

园保持自然界的完整生物链，在植物、植食性动物和肉食、杂食性动物间建立种群平衡，建立了不需要用农药进行人工干预的绿色种植，同时避免了化学物质对自然生态系统的损害，进一步保护了生物多样性。截至2023年5月，生态茶园内的在册植物达到了81种，动物达到了156种，算上周边地区，约有近千种野生动物与茶园和谐共生（图2.25、图2.26）。

图2.25　沧源佤族自治县芒摆有机茶园自然生态圈建设模式

（图片来源：《企业生物多样性保护案例集（2022）》）

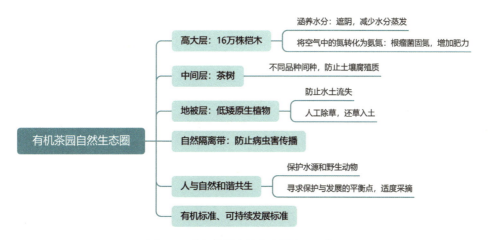

图2.26　有机茶园自然生态圈建设示意图

在国际标准认证上，立足于国际标准建设有机、可持续的生态系统，2011年，芒摆有机茶园分别获得中国、日本、美国、欧盟有机认证。2012年，碧丽源（云南）茶业有限公司成为中国第一家获得"雨林联盟"国际可持续农业认证的企业，对农场社区的环境责任、社会公平和经济发展有所贡献（图2.27）。

碧丽源（云南）茶业有限公司副总经理田源介绍："我们不是为了认证而认证的，我们要明确认证的目的是什么，要让茶农和消费者都看到我们是怎么说的怎么做的怎么记录的，让一切都有可追溯性，从茶园建设到茶叶产品都做到健康和放心。"

图2.27　田源副总经理介绍可持续和有机认证的目的

建立商业生态圈，促进产业升级。

芒摆有机茶园围绕"品质提升、品牌打造"的总体要求，按照转型升级、聚集发展、精准施策的原则，推动一二三产业融合发展，促进产业升级。一产以品质提升、质量安全为重点；二产以提升标准化加工水平为重点；三产以培育品牌、拓展市场和产业融合为重点；推进产业茶叶建设规模化、组织化、标准化、国际化发展（图2.28）。

建立"65里林间茶"品牌。2015年，"有香气性格"的有机茶开始进入市场，受到年轻白领阶层以及具有高品质生活要求的消费者的喜爱，逐渐得到具有责任消费意识以及倡导联合国可持续发展的机构客户的认同。"65里林间茶"品牌名来源于有机茶园所有道路的总长度为65公里。

推动茶旅融合，打造自然生态教育和生态体验的目的地。沧源佤族自治县按照"山水为形，文化为魂"的理念，以茶园为基础，以企业为载体，开发集采茶、制茶、品茶、买茶、观茶艺、学茶道、看表演于一体的生态休闲旅游园区，将沧源茶山特有的佤民族传统资源和文化创意充分结合，构建茶园风情观光体验、茶文化体验感悟、养生度假等特色鲜明、形态丰富的多元化旅游园区。茶旅融合丰富了游客的精神文化生活，促进了茶文化的保护、传承与创新。

打造社会生态圈，促进脱贫致富和乡村振兴。

沧源佤族自治县芒摆村借有机茶园发展的契机，带动当地居民参与茶园经营和管理，提升其可持续发展意识。茶农获得了越来越强的环境意

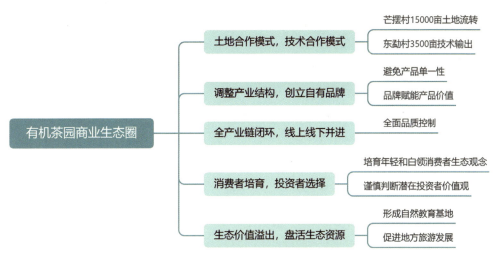

图 2.28　有机茶园商业生态圈建设示意图

识，成为帮助有机茶园实现经济效益与生态效益双赢的有生力量（图2.29、图2.30）。

带动茶农增收致富。碧丽源（云南）茶业有限公司与芒摆村共同打造芒摆有机茶园，通过农村土地流转，整合芒摆村各村民小组集体11280亩荒地，以"公司所有，分户承包"的管理模式进行开发。当地农户在茶园上至少可以获得地租、茶园管理费及鲜叶销售收入。到2023年6月，芒摆有机茶园为当地居民设立了12类就业岗位工种，解决就业岗位1094个。2022

图 2.29　"芒摆茶农之家"为茶农提供了学习、集会的场所

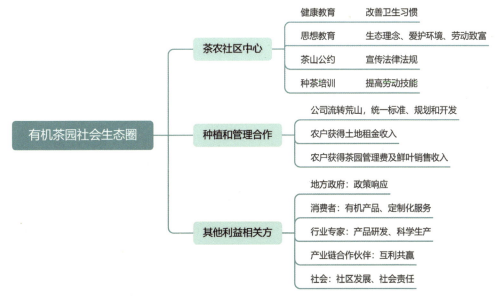

图 2.30　有机茶园社会生态圈建设示意图

第2篇　发展环境友好产业　　045

年，茶叶产量达到151.6万斤，村集体收入15.16万元，茶农人均收入达15584元。

建立茶农社区中心。2011年与国际客户共同在芒摆村建了"芒摆茶农之家"（社区中心），包括卫生室、技术培训室、图书室、体育活动室、标准篮球场等，为村民的社区参与、项目培训和可持续发展理念的培育创造了条件。社区中心的建立及一系列培训课程的实施，为村民的观念和行为方式带来了质的变化，不仅改善了村民的卫生习惯，村民们还获得一技之长，主动维护茶园生态环境。

沧源佤族自治县以当地龙头企业为核心，政府和农户联动，成功打造了芒摆有机茶园管理模式。该模式改变了土地利用方式，在提升自然资源创造经济价值的同时，还创造了有效的生态产品，形成了多产业融合发展的格局。在生态保护上，建立自然生态圈，通过因地制宜地对选址、耕作的多个方面进行可持续化干预，保持了完整生物链与生物多样性，并去除了化学农药的使用，成功打造了有机茶园。在产业方面，通过打造品牌、茶旅融合等多个维度开发生态茶园的附加价值，有效融合了一二三产业，促进了产业升级。农户方面，龙头企业将生态茶园的理念、技术灌输给农户，带领群众走进生态茶园，帮助提供就业岗位和基础设施，促进了脱贫致富和乡村振兴。

参考资料

[1] 骆世明. 农业生态转型态势与中国生态农业建设路径[J]. 中国生态农业学报，2017，25（1）：1-7. Luo S M. Agroecology transition and suitable pathway for eco-agricultural development in China[J]. Chinese Journal of Eco-Agriculture，2017，25（1）：1-7.

[2] 赵桂慎. 中国生态农业现代化：内涵、任务与路径[J]. 中国生态农业学报（中英文）.

[3] 云南网. 临沧沧源：党建赋能助力茶产业点"绿"成"金"[EB/OL]. [2023-06-28]. https://m.yunnan.cn/system/2023/06/27/032645865.shtml.

2.5 森林可持续经营引领特色资源开发利用
——双江拉祜族佤族布朗族傣族自治县《联合国森林文书》履约示范单位实践

临沧市双江自治县在履行《联合国森林文书》示范单位建设中，通过立足资源禀赋，积极探索森林可持续经营促进多民族协同发展模式，不断调整地方产业结构和经济结构，摸索出了一条生态美、产业兴、百姓富的绿色发展之路，为国际履约和全球生态文明建设提供了双江方案，贡献了双江智慧，也为我国落实多项可持续发展目标（SDG1、SDG10、SDG12、SDG15）提供了实践经验。

森林是陆地生态系统中最具生产力的一种类型，对维持地球的气候变化和生物的多样性至关重要。2007年第62届联合国大会正式审议通过《关于所有类型森林的无法律约束力文书》（简称《国际森林文书》），是国际上第一个关于森林可持续经营的国际协议，对森林可持续经营的国家和国际行动提出了原则性要求。主要目的：加强各层级的政治承诺和行动，以推动所有类型森林的可持续管理得以有效实施，实现全球森林目标。

2015年,联合国《2030年可持续发展议程》将森林列为陆地上最重要的生态系统(SDG15.1),特别是将保护森林视为保护山地生态系统、保护生物多样性的重要措施,(与SDG15.1、SDG15.4相关)并要求"到2020年把生态系统和生物多样性的价值观纳入国家和地方规划、发展进程、减贫战略和核算"(SDG15.9)。全球有近40亿公顷森林,占陆地面积30%,约1/4的人口依靠森林获取食物、谋求生计、实现就业、获得收入。实现森林的可持续经营不单单对应SDG15目标,还涉及SDG1(消除贫困)、SDG10(减少不平等)、SDG12(负责任消费和生产)等多个目标内容。

2015年联合国经社理事会《国际森林文书》更名为《联合国森林文书》。2017年4月,联合国大会审议通过的《联合国森林战略规划(2017-2030年)》被视为《联合国森林文书》的实际操作版,进一步拓展与细化了《联合国森林文书》全球森林目标(包括六大全球森林战略目标和26项具体目标),为2030年的全球森林发展绘制了宏伟蓝图。

《联合国森林文书》凝聚了世界各国对于森林可持续经营的共识,被认为是国际林业法律框架的基础,《联合国森林战略规划(2017-2030年)》为实现森林的可持续发展提供了具体目标。文书及规划不仅符合我国林业长期发展战略,更与我国生态文明建设理念相契合。我国持续开展了规模空前的林业与生态建设,森林覆盖率从2007年的18.21%提高到2023年的24.04%,森林蓄积量超过194.93亿立方米,人工林面积连续多年位居世界首位。

对标《联合国森林文书》的基本要求,我国开展履约示范单位建设,不仅有利于促进我国林业可持续发展,而且为全球森林可持续经营的发展提供了中国方案、贡献了中国智慧。国家林业和草原局(原国家林业局)先后出台了《国家林业局关于加强履行〈联合国森林文书〉示范单位建设的指导意见》《国家林业和草原局履行〈联合国森林文书〉示范单位管理办法》,力求通过加强履约示范单位建设,引进、消化、吸收国际森林经营先进技术和理念,探索建立适合中国国情的森林可持续经营的政策、技术和保障体系,总结不同类型森林的可持续经营模式。

自2012年国家林业局开始批复履行《联合国森林文书》示范单位,截至2022年9月,共有17家履约单位。2019年10月,国家林业和草原局正式批复同意双江自治县为履行《联合国森林文书》示范单位,示范主题为"多元文化发展引领森林可持续经营模式"(表2.2、图2.31)。

部分示范单位及其示范主题　　　　　　表2.2

示范单位	示范主题
北京西山实验林场	大都会景观森林多功能经营模式
黑龙江省哈尔滨丹清河实验林场	森林-林下经济混合高效经营模式
四川洪雅县国有林场	森林康养产业发展模式
浙江省杭州市余杭区	城乡林业融合发展模式
云南省临沧市双江县	多元文化发展引领森林可持续经营模式
东北虎豹国家公园管理局	人与自然和谐共生森林抚育管理模式

图2.31　双江自治县《联合国森林文书》示范路径

云南省临沧市双江自治县，地处我国西南边陲，澜沧江和小黑江交汇于县境，北回归线横穿县境中部。这里生物资源丰富，森林覆盖率达70.73%，草经冬而不枯，花非春亦不谢，被誉为"北回归线上的绿色明珠"。双江自治县是中国多元民族文化之乡，2021年末总人口16.30万人，境内居住着23个少数民族，占全县总人口的46.69%，是全国唯一一个由拉祜族、佤族、布朗族、傣族4个主体民族组成的自治县。

长时间以来，双江自治县一直面临贫困面广、贫困度深、少数民族和民族地区经济总量弱小等问题，尚有15万亩生态脆弱区有待修复，林果产业、林下经济、森林旅游、生物产业等方面的潜能未得到有效发掘，林业在促进生态保护与经济发展中的作用未能充分发挥。

2019年7月，临沧市立足自然资源禀赋和生态优势，抓住临沧市列入国家可持续发展议程创新示范区建设契机，积极推荐双江自治县申报履行《联合国森林文书》示范单位。同年10月，国家林业和草原局正式批复同意双江自治县为履行《联合国森林文书》示范单位，双江自治县成为云南省首家履约示范单位。

双江自治县引进先进森林可持续经营理念，开展针对性的科普培训，提升各族群众对造林、育林、护林的认识，并形成具有各民族特色的森林文化。

双江自治县按照《联合国森林战略规划（2017-2030年）》确定的六大全球森林目标和26项具体目标，特别是围绕目标二"增加森林的经济、社会及环境效益，改善以林为生者的生计"，应用国际先进森林可持续经营理念，统筹推进山水林田湖草系统治理，有效探索立体化森林可持续经营引领多民族协同发展机制和模式，创新森林多功能管理和生物多样性保护模式，通过实施国土绿化、森林抚育、封山育林、低效林改造、退耕还林、陡坡地生态治理等林业生态工程，加强了生态林带、生态保护区、自然保护地、古茶山国家森林公园、河库等重要生态系统保护，完善森林可持续管理的治理体系和耕地草原森林河流湖泊休养生息制度，促进了自然生态恢复，拯救保护了濒危动植物物种和古树名木，维护了生物多样性，实现了林业的生态、经济、社会三大效益协同发展。

双江自治县结合每年世界森林日主题，围绕履约示范点管护等重点，对全体护林员开展科普宣教培训，以"小手牵大手"为契机，开设"森林课堂"向中小学生宣讲林草科普知识，营造全社会保护发展森林资源的良好氛围。同时，为改变落后的生产生活方式，双江自治县在全县范围特别是少数民族地区开展加强生态环境保护意识的教育和引导，让各族群众更加增进造林、育林、护林重要性认识。

双江自治县少数民族的生存和发展与森林资源的保护利用具有密切的相互关系，形成了具有各民族特色的森林文化，这些文化对于森林资源和生物多样性的保护起到了重要的促进作用。通过森林可持续经营和有效保护，全县森林资源总量持续增加，森林结构进一步优化，森林质量逐步提高，生态环境稳步向好，城市空气质量优良率超过97%，森林资源保护、森林游憩康养和森林文化的实践成果更加丰富，实现了改善生态、消除贫困的目标，促进了人与自然和谐共生，助推了民族地区经济社会可持续发展和民族团结进步（图2.32）。

双江自治县通过抓实4个履约示范单位建设，带动了生态保护与绿色产业的协调发展。

云南省、临沧市、双江自治县三级政府和林草部门高度重视履行《联合国森林文书》示范单位建设，云南省林业和草原局、临沧市林业和草

（a） （b）

图2.32 佤族部落林间祭祀与祈福

原局在国家林业和草原局国际合作交流中心的指导下，协同深入推进双江自治县履约示范单位建设。双江自治县成立了以县委、县政府主要领导为组长和副组长，各相关部门、各乡镇主要负责人为成员的示范单位建设领导小组，明确工作职责，通过抓实4个履约示范点建设，带动了生态保护与绿色产业协调发展。

依托古茶树资源保护，展现生物多样性保护示范。

双江自治县以茶闻名，境内1.27万亩野生古茶树群被考证为目前世界上海拔最高、面积最广、密度最大、原始植被保存最完整、抗逆性最强的古茶树群落。市县两级均以人大立法的方式制定出台了地方古茶树保护条例，对野生古茶树资源进行挂牌保护，积极探索林茶共生模式，有效保护了生物多样性。在保护的基础上，双江自治县加快茶旅融合和冰岛茶古镇建设，打造了以茶文化、民俗文化、地域文化为主题的茶资源世界博物馆和多元民族融合发展的形象名片（图2.33、图2.34）。

（a） （b）

图2.33 古茶树保护

（a） （b）

图2.34 纹背捕蛛鸟和红瘰疣螈

依托临沧坚果基地建设，展现绿色产业发展示范。

按照"适地适树，宜种则种"的原则，双江自治县大力发展临沧坚果种植，从勐勐镇南宋村到邦丙乡邦况村、忙安村一带的荒山荒地、生态脆弱区，探索采用"坚果+咖啡+农作物+林下药材"等模式，打造高标准坚果示范基地，既修复了森林生态，又持续增加群众收入，昔日"种一山坡收一土锅"的荒山，如今成了社会效益、经济效益和生态效益多赢的"万元山"。截至2022年底，双江自治县发展坚果基地达23.78万亩，挂果面积3.8万亩，完成提质增效10万亩，产量达1292吨，实现产值0.45亿元（图2.35）。

（a） （b）

图2.35 特色坚果采摘

依托大浪坝人工林种植，展现森林可持续经营示范。

国有大浪坝林场1962年引进华山松种植成活，后采取人工栽培和种子点播等方式广泛种植，勤劳朴实的双江林业人，在党和政府的带领下，仅用两年多时间就完成了8万多亩华山松造林任务，把荒山变为绿洲。双江自治县在履行《联合国森林文书》示范单位建设中，积极盘活森林生态资源，加大示范点基础设施建设，切实发挥国有森林资源多重效益，全力打造集生态旅游、生态养生、生态健康于一体的"健康生活目的地"，推动实现生态资源的经济和社会价值，为国内外同等条件区域人工造林和森林可持续经营提供了可参考的模式（图2.36）。

图2.36 全县义务植树造林活动

依托乌龙茶庄园建设，展现生态减贫成效示范。

双江自治县积极引进缅甸佤商，按照"政府引导、企业主导、部门联动、群众参与"的原则，县委、县政府先后争取投入项目资金0.12亿元，企业投入3.5亿元，大力实施生态修复、低效林改造，完成山区少数民族村寨土地流转3000多亩，建成高标准乌龙茶基地2000多亩、咖啡基地1000多亩，长期聘用土地流转群众参与园区管理和茶叶、咖啡生产加工100余人，有效解决了当地民族群众的就业和脱贫问题，为周边村民提供了一笔不用出门就能打工的稳定收入，实现了"生态增绿、财政增长、企业增效、农民增收"的共赢目标，把一片贫荒之地变成了一个地标、一张名片、一道亮丽的风景线（图2.37~图2.39）。

双江自治县以履行《联合国森林文书》示范

图2.37 荒地开垦的高山茶与咖啡种植园

图2.38 采摘有机茶

荣康达乌龙茶庄园康加昌总经理说道:"以前这里都是荒地,种不了传统作物。两年前我们引进了最好的咖啡品种,通过合理种植遮阴增湿的遮蔽林,现在咖啡的种植面积大概有1300亩。年底我们将建成咖啡工业园,至少增加50个就业岗位。"

图2.39 康加昌总经理介绍咖啡种植现状

单位建设为契机,大力发展绿色经济,使临沧坚果、核桃等绿色产业成为打开"绿水青山"向"金山银山"转变的"金钥匙"。

双江自治县积极推进生态建设产业化、产业发展生态化,强化产业提质增效,加快发展生态富民产业,采取"公司+基地+合作社+林农"等多元化形式,着力建设新兴林业产业链,建成滇黄精、滇重楼、大黄藤、三七、葛根、茯苓、半夏等林下药业6.62万亩,竹子、桤木、西南桦、杉木等速生丰产林96.73万亩,核桃产业基地50万亩、坚果产业基地23.78万亩、生态茶园基地25.3万亩,建成"绿色食品牌"产业基地29个,完成"三品一标"农产品认证95个。同时,充分发挥双江自治县特有的生物多样性资源优势,培植发展民族药材种植、研发、加工和营销的新兴产业链,真正实现经济效益和生态效益双赢。截至2022年,全县累计建成林业产业基地186.76万亩,林业总产值达36.16

亿元，全县实现地区生产总值76.03亿元，城镇常住居民人均可支配收入达3.48万元，农村常住居民人均可支配收入达1.53万元，双江自治县被评为"云南省2021年县域跨越发展进位县"（图2.40）。

实现自然环境和经济社会的协同是实现可持续发展的核心。双江自治县引进并落实森林可持续发展的理念，形成多民族特色的森林文化，在建设履行《联合国森林文书》示范单位的过程中，带动了生态保护与绿色产业的协调发展，调整地方产业结构和经济结构，实现森林蓄积量与农民收入的双重增加，成功甩掉了"贫困县"的帽子，为"中国多元民族文化之乡"摸索出了一条生态美、产业兴、百姓富的绿色发展之路，也为我国落实多项可持续发展目标（SDG1、SDG10、SDG12、SDG15）提供了实践经验。

（a）

（b）

图2.40 发展林下经济作物

参考资料

[1] 中国绿色时报. 中国森林履约进程速览[EB/OL]. [2023-06-25]. http://greentimes.com/greentimepaper/html/2021-03/22/content_3348961.htm.

[2] 中国绿色时报. 中国履行森林文书云南双江实践[EB/OL]. [2023-06-25]. http://greentimes.com/greentimepaper/html/2023-03/21/content_3366498.htm.

[3] 杨雷. 双江自治县创建民族团结进步示范县的实践与经验研究[D]. 昆明：云南大学，2020. DOI：10.27456/d.cnki.gyndu.2020.000111.

[4] 云南省高原特色现代农业茶产业十强县——双江拉祜族佤族布朗族傣族自治县[J]. 云南农业，2018（10）：33.

第3篇 开发民族特色资源

> 加快各族群众歌、舞、乐文化等资源保护和发掘,打造一批满足市场需求、民族特色浓郁、艺术观赏性强的精品,建设最具民族风情的美丽临沧。
>
> 充分发挥临沧民族文化资源优势,合理进行区域发展布局,以特色项目为载体,推进创意产业集聚区建设,培育示范企业、示范村、示范基地、销售示范街区。
>
> ——《云南省临沧市可持续发展规划(2018—2030年)》

3.1 多方参与的民族特色非物质文化遗产活化
——镇康县"阿数瑟"民间文化艺术保护与传承

临沧市镇康县立足民族特色，完善非遗保护机制，开展非遗保护项目，充分发掘整理"阿数瑟"文化资料，成立非物质文化遗产保护中心，建设非遗传承人队伍，鼓励居民参与非遗文化活动；依托文化形式创新和多媒体资源，加强海内外文化交流，着力打造"阿数瑟"文化品牌，扩大海内外艺术文化影响，初步形成了人民喜闻乐见，居民积极参与，社会认可支持的文化艺术氛围，实现了非遗文化传承后继有人，文旅产业带动经济发展的目标。"阿数瑟"民间文化艺术保护与传承促进了SDG8（体面工作和经济增长）、SDG10（减少不平等）、SDG17（促进目标实现的伙伴关系），特别是SDG11（可持续城市和社区）中"进一步努力保护和捍卫世界文化和自然遗产"的可持续发展目标。

民族特色非物质文化遗产作为民族的魂，是民族文化的核心价值与动力。云南镇康县"阿数瑟"民间文化艺术保护与传承项目以非遗项目为载体，利用多种方式、渠道及手段对"阿数瑟"民间文化艺术进行活化。通过各种方式将"阿数瑟"民间文化艺术纳入当地的文化建设、乡村旅游建设以及乡村振兴之中，这是一种从遗产到空间，从空间到生活的活化与传承。

文化是一个国家、一个民族的重要标志。非物质文化遗产是文化的重要组成部分和文化的根本与源头，是人类文明的结晶和最宝贵的共同财富，是人类社会得以延续的文化命脉。现代化为人类社会带来了高度物质文明的同时，改变着人类原有的生存环境，使非物质文化遗产逐渐失去其生存基础和条件，加之强势文化以及文化单一化的猛烈冲击，一些具有民族特色、地域特征、时代价值、教育功能及娱乐功能的非物质文化遗产遭到前所未有的威胁，面临着退化甚至消失的危险。加强非物质文化遗产的保护，不仅是国家和民族发展的需要，也是国际社会文明对话和人类社会可持续发展的必然要求。

早在1972年，联合国教科文组织（United Nations Educational, Scientific and Cultural Organization，简称UNESCO）就已通过《保护世界文化和自然遗产公约》（以下简称《公约》），在世界范围内强调文化遗产保护的重要意义，截至2022年11月16日，已有194个国家和地区缔约。2013年，UNESCO"文化：可持续发展的关键"国际会议，并发布《杭州宣言：文化与可持续发展》，宣言呼吁将文化置于可持续发展政策的核心地位。2015年，联合国《2030年可持续发展议程》将"发展优质、可靠、可持续和有抵御灾害能力的基础设施，包括区域和跨境基础设施，以支持经济发展和提升人类福祉，重点是人人可负担得起并公平利用上述基础设施"（SDG9.1）、"进一步努力保护和捍卫世界文化和自然遗产"（SDG11.4）、"到2030年，在所有国家加强包容和可持续的城市建设，加强参与性、综合性、可持续的人类住区规划和管理能力"（SDG11.3）明确为"可持续经济增长"的重要目标。

保护和利用好非物质文化遗产，对实现经济社会的全面、协调、可持续发展具有重要意义。然而，仍有部分非物质文化遗产正在不断消失，许多传统技艺濒临消亡，大量有历史、文化价值的珍贵实物与资料遭到毁弃等现象时有发生，如何对非物质文化遗产进行有效保护和活化利用，是可持续发展的一个重要课题，也是国际社会关注的重难点问题。

临沧市镇康县位于中国西南边陲，居住着汉族、佤族、傣族、德昂族、布朗族、傈僳族、拉祜族、苗族等23个民族，民族文化丰富多彩。镇康"阿数瑟"是少数民族文化与中原传统文化融合形成的特色的"打歌"艺术文化，是流行于镇康汉族、彝族、傈僳族等民族的一种民间歌舞，是镇康县民族民间传统文化的代表，具有历史悠久、存续范围广、歌舞乐于一体等特点。表演时，一般由三弦、葫芦笙、笛子伴奏，演奏者边奏边舞，其余人跟随其后，合着音乐载歌载舞，按逆时针方向绕圈打歌。"阿数瑟"可根据不同场合需要即兴编词，有谈情说爱、警示教育、调侃讽刺等，歌词内容表现丰富，包罗万象，语言诙谐幽默，生动直白，充满浓厚生活气息，最能体现艺人的聪明才智，深受当地各族群众喜爱。但随着社会的发展进步，越来越多的年轻人不愿意学习演唱，对"阿数瑟"产生了很大冲击，且一些"阿数瑟"老艺人年事已高，甚至无法登台表演。因此，保护、传承、弘扬"阿数瑟"民间文化艺术变得非常重要和紧迫。

近年来，国家和地方政府制定了一系列政策和法律、法规，加强文化遗产保护，推进文化遗产保护的法治化，为非遗保护政策的长期实施和有效运行提供坚实保障。截至2022年12月，中国列入联合国教科文组织非物质文化遗产名录

（名册）项目共计43项，总数位居世界第一，同时共计1557个国家级非物质文化遗产代表性项目名录先后被列入非物质文化遗产国家级项目名录（表3.1）。

国家和地方政府针对非遗保护的主要政策和法律、法规　　表3.1

	政策和条例名称
国家出台	2005年前：《中华人民共和国民族民间传统文化保护法（草案）》《关于加强我国非物质文化遗产保护工作的意见》《国务院关于加强文化遗产保护的通知》
	2006—2010年：《国家"十一五"时期文化发展规划纲要》《国家非物质文化遗产保护专项资金管理暂行办法》《关于加强老字号非物质文化遗产保护工作的通知》《国家级非物质文化遗产项目代表性传承人认定与管理暂行办法》《关于评选非物质文化遗产保护工作先进集体和先进个人的通知》《关于开展全国非物质文化遗产保护监督工作的通知》
	2011—2023年：《中华人民共和国非物质文化遗产法》《关于开展非物质文化遗产法贯彻落实情况检查工作的通知》《关于实施中华优秀传统文化传承发展工程的意见》《国家级非物质文化遗产代表性传承人认定与管理办法》《国家非物质文化遗产保护资金管理办法》
云南省出台	《贯彻国务院办公厅关于加强我国非物质文化保护工作文件的实施意见的通知》《乡镇（街道）文化站评估定级工作实施方案》《云南省非物质文化遗产项目代表性传承人认定与管理办法》《云南省非物质文化遗产保护条例》

多年来，临沧市镇康县高度重视"阿数瑟"的保护、传承和弘扬，探索实践出一条政府引导、人才推动、项目支撑、文旅结合的多方参与的民族特色非物质文化遗产活化道路，为非物质文化遗产的保护和传承提供了经验。

政府主导，设立专门机构，完善非遗保护机制，形成了一套对非物质文化遗产整体性保护的体系。

镇康县成立了以县政府为主体的"阿数瑟"项目保护工作领导小组，确保工作的顺利开展。镇康县近年来制定了一系列管理办法和管理制度，推进文化遗产保护的法治化、制度化和规范化。如制定《镇康县县级非物质文化遗产代表性传承人认定与管理办法》《镇康县文物管理所管理制度》《镇康县非物质文化遗产保护管理办法》《镇康县非物质文化遗产保护责任追究制度》《镇康县非物质文化遗产征集保护制度》《镇康县文物非遗协调保护机制》等，为非遗保护政策的长期实施和有效运行、推动优秀传统文化创新发展提供了制度保障。2013年，镇康县"阿数瑟"传统音乐入选云南省人民政府第三批省级非物质文化遗产保护项目。2021年5月，镇康县"阿数瑟"成功入选国务院第五批国家级非物质文化遗产代表性项目名录。

2016年以来，镇康县积极争取国家专项资金，每年用于"阿数瑟"传承和保护工作的经费达28万元以上，其中2022年"阿数瑟"传承专项资金高达32.3万元。2022年镇康县文化和旅游局投资3亿元，在南伞镇刺树丫口建设镇康县"阿数瑟"文化传承体验示范基地，活态展示"阿数瑟"打歌、三弦制作技艺等。项目在促进文旅融合发展的同时，使传统民间文化得到了进一步保护和传承。

镇康县将"阿数瑟"传统音乐作为重点抢救和保护对象，通过深入基层摸底调查，对"阿数瑟"存续状况、历史渊源、传承谱系、艺术价值等进行深入了解，并积极组织有关人员开展普查和资料收集整理工作。经多次普查和收集整理出镇康县传统"阿数瑟"的曲谱、调式、乐器、演出、曲目等资料近5000首。镇康县地方志编纂委员会整理编辑《紫丁香——镇康民歌辑》一书，收录了"阿数瑟"打歌调子112首，镇康县文化和旅游局编辑《回味经典·阿数瑟》一书，共收录"阿数瑟"民间唱词529首，为镇康国家级非物质文化遗产"阿数瑟"的传承留下了珍贵的资料（图3.1、图3.2）。

（a）　　　　　　　　（b）

图3.1 《紫丁香——镇康民歌辑》（左）；《回味经典·阿数瑟》（右）

图3.2 《回味经典·阿数瑟》一书在2023年两会之际与读者见面

（图片来源：镇康县文化和旅游局）

重视传承人队伍建设，给予必要政策扶持，为传承活动创造良好的社会环境，努力改变民族民间艺术队伍后继乏人的现状。

积极培育发展"阿数瑟"民间文艺打歌队。镇康县有"阿数瑟"国有文艺院团1支、农村业余"阿数瑟"文艺演出队伍98支、文化馆馆办演出团队10支，基本实现村村有队伍，月月有活动、季季有赛事。结合"三区"人才、文化下乡等活动，每年安排专业教师挂钩到乡（镇），联系到村，对"阿数瑟"打歌队进行指导。带动群众从台下走到台上，由观众变成演员（图3.3）。

图3.3 "阿数瑟"打歌队

（图片来源：镇康县文化和旅游局）

镇康县加强"镇康县非物质文化遗产保护中心"建设，于2021年11月成立镇康县非物质文化遗产保护中心，工作人员从县民族文化工作队连人带编进行划转，确保非遗传承工作有序开展。在自发参与的基础上，通过层层申报、评审，公布罗文军、克春梅等一批"阿数瑟"代表性传承人，由传承人对县文工团进行培训，同时组织业务骨干积极参加2022年度国家级、省级非物质文化遗产项目代表性传承人暨全市非遗业务骨干培训班，以加强省级非遗代表性传承人的传承责任，提高非遗业务骨干的业务能力。

充分宣传，推陈出新，推动非遗重新进入人民群众日常生活中，形成全社会共同关心并积极参与遗产保护的社会氛围。

以电视剧、微电影、广场舞、说唱等形式在人民群众中进行广泛宣传，通过广大文化工作者、民间文艺爱好者深入中缅两国深度挖掘整理，推出了不同形式的一系列带有镇康浓郁"阿数瑟"民俗文化色彩的优秀作品，极大地提高了"阿数瑟"的文化魅力和知名度（表3.2）。

不同宣传形式的"阿数瑟"优秀作品　表3.2

类型	作品
电视剧	音乐故事电视剧《镇康回响·阿数瑟 阿婀娜》、音乐舞蹈剧《彝乐》
微电影	《情醉"阿数瑟"》
广场舞	《大红线鸡红线尾》《左蹬脚右蹬脚》《醉了阿数瑟》《阿姐栽秧》《三担白米三担糠》《小小弦子轻又轻》《打歌了》
说唱	《抗击疫情我们在岗》《脱贫新气象》《移风易俗》

镇康县根据不同时期的政策、制度、文化精神宣传对"阿数瑟"传唱内容进行编排、制作，编成朗朗上口的"阿数瑟"调，在各村组进行传唱，让群众在"阿数瑟"魅力弹唱声中学习、记住"常态文化"，了解时政政策。例如，结合廉政文化，编排了《阿数瑟唱违纪剖析》《阿数瑟说新"条例"》《公务接待十不准》等；结合税务政策编排了《退税减税阿数瑟》（图3.4）。

图3.4　"阿数瑟"普法文化公园

着力打造"阿数瑟"文化品牌，以文化力塑造形象，扩大知名度和影响力，为经济社会发展提供文化、精神动力。

镇康县以"挖掘内涵、以小推大、包装推出，使之走向精深化、产业化"为发展思路，打造"阿数瑟"文化品牌。早在2008年，镇康县申请注册了"阿数瑟"文化商标标识，使"阿数瑟"文化标识正式成为镇康县的形象符号。2010年12月，镇康县政府投资万元建设了"阿数瑟"之源标识及雕塑，促进"阿数瑟"文化的传承，为发展旅游打下坚实的基础。

镇康县依托"阿数瑟"文化为代表的边地特色文化资源优势，精心培育节庆会展、旅游演艺等文化旅游精品，将"阿数瑟"打造成多民族、国际交流的平台，进一步发掘了"阿数瑟"项目的社会价值与经济价值。如2016年，在临沧市第六届边境经济贸易交易会上，镇康县在当地分会场举办了中缅"阿数瑟"对歌赛；2018年，镇康县应省侨联邀请，赴缅甸、泰国参加了"2018共庆中国新年·七彩云南走进泰北（缅北）慰侨访演文化交流活动"；2018年、2019年国庆期间，举办了国际"阿数瑟"山歌会，期间举办了中缅"阿数瑟"对歌赛、万人踏歌行篝火打歌晚会等活动（图3.5）。

图3.5　首届缅甸（腊戌）中国（临沧）边境经济贸易交易会举行的"阿数瑟"文化展演

镇康县立足"阿数瑟"，为传承和弘扬民族民间艺术，积极进行民间艺术之乡申报，极大地增强了"阿数瑟"的影响力。2020年，镇康县被云南省文化和旅游厅命名为"云南民间文化艺术之乡"；2021年，镇康县成功入选2021—2023年度"中国民间文化艺术之乡"（阿数瑟歌舞）；2022年，镇康县报送的《临沧市镇康县："五个一批"推进"阿数瑟"的传承与发展》入

"喜雀抬水镇康地，鸽子抬水阿佤城，镇康好在何消说，和里和气镇康人。"镇康县南伞镇红岩村刺树丫口村组长李壮兄伴随着清脆的三弦声，表演了一段"阿数瑟"唱词。作为地方传统民间音乐，"阿数瑟"展现了边陲小镇的文化繁荣和独特魅力，也装点了村民的日常生活。

图3.6 李壮兄夫妇表演"阿数瑟"

选"中国民间艺术之乡"建设典型案例公示名单（图3.6）。

现今的镇康居民，无论是老年人还是青少年，都自发地接受了"阿数瑟"这种艺术形式并加入到传承队伍中来。居民们纷纷选择将"阿数瑟"融入婚礼等场合中，在茶余饭后的广场上，处处可以看到打歌的队伍，校园、部队、厂矿等企业都在积极开展"阿数瑟"相关的活动。"阿数瑟"经过多方参与，从一个局限在镇康乡村的民间艺术形式，已经转变为整个镇康县的文化符号。围绕"阿数瑟"开展的旅游、跨文化交流、文创作品等，无一不在让这座县城焕发新的生机。

镇康县对"阿数瑟"非物质文化遗产活化利用的案例表明，通过国家与地方相关政策支持，引导非物质文化遗产的传承和保护，增强地区可持续发展能力，同时带动"阿数瑟"文化的活态传承与创新发展，对地方经济发展和社会进步也可以起到促进作用，进一步努力保护和捍卫世界文化和自然遗产（SDG11.4）、到2030年，制定和执行推广可持续旅游的政策，以创造就业机会，促进地方文化和产品（SDG8.9）和减少不平等（SDG10）的协同推进提供了可复制的实践样板。此外，"阿数瑟"文化交流也促进了边境地区的相互了解和合作，有利于可持续伙伴关系的深化（SDG17）。

参考资料

[1] 李昕.非物质文化遗产的国家政府主导型抢救模式分析[J].山东社会科学,2012(3):75-78.

[2] 段红霞."阿数瑟"传统艺术的传承与发展[J].民族音乐,2022,293(5):57-58.

[3] 罗鸿敏.浅谈镇康阿数瑟文化资源特点及其旅游开发[J].北方音乐,2016,36(15):204.

[4] 恒春临沧公众号(临沧市文化和旅游局).临沧市镇康县:"五个一批"推进"阿数瑟"的传承与发展[Z].

3.2 "六个共同"推进民族团结进步
——双江拉祜族佤族布朗族傣族自治县沙河乡景亢村基层社会治理经验

双江自治县沙河乡景亢村通过充分发挥基层党组织、村民理事会的引领作用及群众的主体作用,以银行贷款共同用、特色民居共同建、大事小情共同帮、公益事业共同干、产业发展共同谋、文明村寨共同创"六个共同"管理模式,建成了田园风光浓郁、产业特色突出、村民生活富裕、生活条件便利、生活方式文明、乡风和谐淳朴的美丽村庄,实现了特色民居全覆盖、经济增收有保障、村容村貌大改观,推进民族团结和进步,促进了SDG1(无贫穷)、SDG2(零饥饿)、SDG8(体面工作和经济增长)、SDG11(可持续城市和社区)、SDG16(和平、正义与强大机构)的落实。

如何实现多民族国家和地区的协同发展,一直都是国际各国关注问题。不同民族之间,由于文化、生活习惯等方面的差异,在聚集生活过程中,容易出现各种思想观念和实际行动的矛盾,久而久之,导致资源、技术、经济等诸多方面的发展失调。上述的诸多不协调,不仅出现在城镇多民族聚集区域,也广泛存在于乡村地区。

在多民族聚集的乡村,为实现改善居住环境、发展特色产业、提升经济收入等美好愿景,需要各民族之间和谐团结地相处,而实现基础是村民可以不分差异地获得环境、经济提升带来的益处。因此,多民族村落的乡村振兴将涉及多个可持续发展目标,包括:无贫穷(SDG1)、可持续城市和社区(SDG11)、零饥饿、和平、正义与强大机构（SDG2、SDG16）以及体面工作和经济增长（SDG8）等。

我国是统一的多民族国家，为促进多民族政治、经济、文化等各项事业的全面发展，我国将"坚持民族平等团结"作为民族政策的基础，并写入《中华人民共和国宪法》。经济文化发展是各民族自身发展的基础，也是民族关系和谐发展的保证，实现多民族地区的乡村振兴将加快经济文化等各项事业的发展速度，促进各民族的共同繁荣。

为实现多民族地区的乡村振兴战略，需注重培养基层组织的凝聚力。2014年，中共中央、国务院印发《关于加强和改进新形势下民族工作的意见》明确指出"要完善民族工作领导体制和工作机制""培养长期在民族地区工作的汉族干部""加强基层组织建设"。2017年，国务院《兴边富民行动"十三五"规划》明确指出"全面改善边民居住生活条件，全力加强村庄设施建设，推进村庄人居环境综合整治，沿边境线建设一批村美民富、民族团结、睦邻友好、边防稳固、人民幸福的村庄"。2018年，中共中央、国务院《关于实施乡村振兴战略的意见》发布，确立了实施乡村振兴战略的顶层设计。在2021年发布的"十四五"规划中，将乡村振兴列为全国脱贫后的重点建设内容，而实现多民族地区的乡村振兴要走民族团结、共同富裕的道路。

2015年起，云南省连续实施两轮"兴边富民工程改善沿线群众生产条件三年活动"（2015—2017年和2018—2020年），出台实施《云南省兴边富民工程"十三五"规划》，着力改善沿边群众生活条件、助力民族团结进步，打赢脱贫攻坚战。2015年，中共云南省委省政府印发《关于加强和改进新形势下民族工作的实施意见》，特别提到"深入推进民族团结进步示范建设，弘扬各民族同呼吸、共命运、心连心的优良传统"，将加强基层建设放在工作重点。2022年，中共云南省委办公厅、云南省人民政府办公厅印发《云南省脱贫人口持续增收三年行动方案（2022—2024年）》将提升乡村旅游业态，引导有条件的脱贫村、脱贫户融入乡村旅游产业体系，推动一二三产业融合发展，实现旅游商品"销地产、产地销"，全方位带动脱贫人口增收。

临沧市以民族团结进步示范区建设为统领，自2014年开始，临沧市通过实施示范区建设"千百万示范点创建"、兴边富民改善沿边群众生产生活条件三年行动计划、"直过民族"精准脱贫、农村居民和脱贫人口持续增收三年行动等重要工程，截至2022年年底，完成农房抗震改造2.07万户、开展农村劳动力培训17万人次，实现农村劳动力转移就业87.7万人，脱贫劳动力转移就业15.73万人，脱贫人口收入同比增长17.8%，建立防返贫监测网格1.09万个，扎实推进乡村振兴战略。

双江自治县位于临沧地区南部，是多元民族文化之乡，是我国唯一由拉祜族、佤族、布朗族、傣族4个少数民族冠名的多民族自治县，少数民族人口占47%。长时间以来，双江自治县一直面临贫困面广、贫困度深、少数民族地区经济总量弱小等问题，特别是在建设少数民族美丽宜居乡村、打赢脱贫攻坚战的过程中，因为村民之间缺乏合力、村民对改善居住的热情不高，导致村民的居住环境和生产生活条件始终得不到根本改变，直过民族脱贫难度非常大。

为破解直过民族脱贫的突出问题，双江自治县充分发挥基层党组织、村民理事会等基层组织，创新"六个共同"，促使村民们共谋发展、共建新房、共同创业。

以沙河乡景亢村为例，在基层社会管理中探

索实践出了“银行贷款共同用”“特色民居共同建”“大事小情共同帮”“公益事业共同干”“产业发展共同谋”“文明村寨共同创”的模式，促使村民们共同谋发展、建新房、美化村庄、打造产业、迈向共同富裕（图3.7）。

景亢自然村距县城5公里，隶属于双江自治

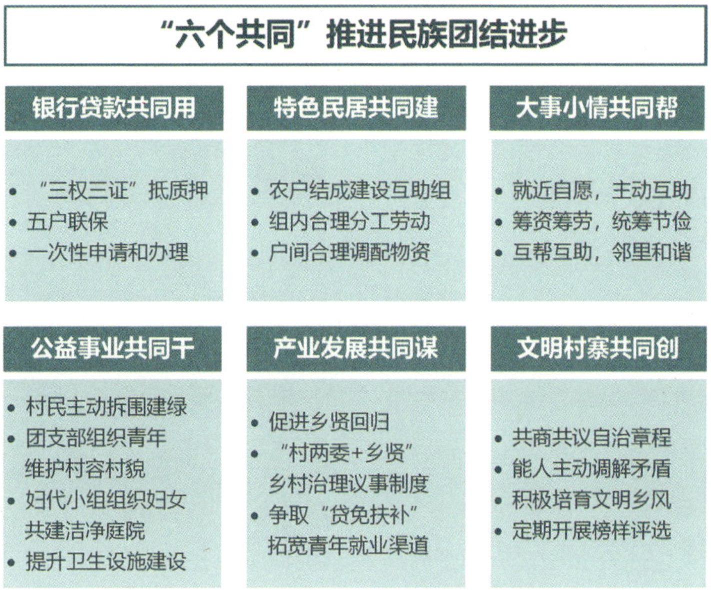

“六个共同”推进民族团结进步
银行贷款共同用
• “三权三证”抵质押
• 五户联保
• 一次性申请和办理
特色民居共同建
• 农户结成建设互助组
• 组内合理分工劳动
• 户间合理调配物资
大事小情共同帮
• 就近自愿，主动互助
• 筹资筹劳，统筹节俭
• 互帮互助，邻里和谐
公益事业共同干
• 村民主动拆围建绿
• 团支部组织青年维护村容村貌
• 妇代小组组织妇女共建洁净庭院
• 提升卫生设施建设
产业发展共同谋
• 促进乡贤回归
• “村两委+乡贤”乡村治理议事制度
• 争取“贷免扶补”拓宽青年就业渠道
文明村寨共同创
• 共商共议自治章程
• 能人主动调解矛盾
• 积极培育文明乡风
• 定期开展榜样评选

图3.7 “六个共同”推进民族团结进步示意

县沙河乡允俸村委会，现有居民96户425人，一个傣族聚居村寨，同时生活着佤族、汉族等村民，已有600多年的建寨历史。一直以来，景亢村以党建引领，推动乡村振兴理事会及妇代小组、团支部等群团组织在工作落实上“有办法”“结硕果”，把建设美丽家园作为提升村寨形象和人民追求美好幸福生活的重要手段，绘就美丽傣族村寨新画卷，从而实现了民族的团结进步（图3.8）。

拆墙建绿，营造绿美家园：规划先行，再造现代傣乡

图3.8 景亢村拆墙建绿宣传板

银行贷款共同用。

在美丽宜居建设中，为保证村上农户建房资金，加快建房进度，结合实际，按照分别贷款、共同担保、集中管理的原则，引导农户积极探索“三权三证”抵质押，“五户联保”等贷款机制。建房初期，向农发行、农行、信用社等金融机构申请建房贷款4.45亿元，解决了农户建房资金不足问题，使全县民居房建设得以整体推进。农户贷款过程中，积极协助农户办理贷款手续，做到一次性申请，一次性办理，既节省了贷款时间，又方便了群众。

特色民居共同建。

在坚持农户是建房主体原则的基础上，引导农户自愿结成建设互助组，对劳动力进行合理分工，自愿换工，集体劳动，农户之间合理调

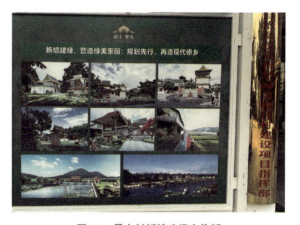

配脚手架、抽水机、管子等建房物资，降低用工成本，以建造100平方米的房子，2个月建好来计算，每户2个劳动力参与建设，农户可以投入120个工日左右，按100元/工日计算，建房农户可节省建房成本1.2万元左右。同时，引导农户与理事会签订委托书，由理事会统一管理建房贷款和补助资金，统一采购红砖、水泥等主要建房材料，以建房100平方米计算，需要红砖2.4万块，每块节约0.07元，户均节约1680元；需要水泥15.6吨，每吨节约7元，户均节约110元，既发挥建房资金的最大效益，又保证农户建房资金安全使用（图3.9）。景亢村村支部书记艾蕊说："虽然村容村貌建设都是有利于村民的，但有的村民接受得慢，村干部这时候就要发挥带头作用，共同使用银行贷款、共同建民居、共建产业，村干部都是冲锋在前的。"

大事小情共同帮。

按照"有礼有节、移风易俗、勤俭节约"的原则，引导村民采取就近自愿、主动互助的方式，在红白喜事、生产生活等方面自主管理，解决劳动力不足问题；引导农户积极筹资筹劳，有条件的自然村户均筹资100元，建盖公用厨房、购置炊具，实现宴席统筹节俭办，每桌宴席节约50元左右，农忙时节互帮互助、邻居生病相互照顾、孩子上学帮助接送，凝聚人心，促进邻里和谐（图3.10）。

公益事业共同干。

村民按照共同制定的章程规范，主动拆围建绿，让出庭院增花增绿，建成一户一家"小公园"，连成村寨"大公园"；垃圾处理从城市延伸到村庄，实现市场化运作，确保村庄干净卫生整洁；推进无害化卫生户厕全覆盖；铺设管网，统一收集污水逐级净化，让污水变为净水用于养鱼及农田灌溉，变废为宝，净化乡村环境。团支

（a）

（b）

图3.9　景亢村村容村貌

（a）

（b）

图3.10　村民准备傣族特色节日饮食

部带头组织年轻人参与"绿色村庄、绿色农家"建设,共同维护村容村貌。妇代小组以"四强四带出"组织动员广大妇女参与管理和建设,巾帼志愿者带头开展文明卫生创建活动,与团支部合力共建"洁净庭院",家家户户门前绿树掩映,院里花香四溢,处处生机盎然,一幅幅生态宜居村庄美,兴业富民生活好的画卷正在次第展开。

产业发展共同谋。

探索建立"村两委+乡贤"乡村治理议事制度,开展"乡贤回归、乡村振兴"活动,促进能人返乡、智力回哺、项目回归,助推乡村振兴。成功回引在北京创业有成的艾芒和经营理念超前的茶商落户本村,带领村民经营咖啡屋、茶室、竹艺馆、陶艺馆、足疗馆等,有效发挥乡贤能人优势,将电商服务和店铺销售相结合,拓宽农特产品销售渠道,为村民就业提供岗位,让村民留在村内能就业、走出村外能创业,推动特色产业发展,助力乡村旅游。"景亢青年就业创业基地"在党组织引领下,凝聚青年人才力量,积极争取"贷免扶补",拓宽青年人就业渠道,释放青春活力,促进活力美(图3.11)。

文明村寨共同创。

各方共商共议,制定了《景亢自然村村规民约》《景亢自然村文明公约》《景亢自然村民族团结公约》等自治章程。成立矛盾纠纷调解小组,开展法律知识培训,培养户均1名法律明白人,有效破解群众维权难问题,充分发挥群众公认的刀明华、刀玉祥、俸有明等一批德高望重的乡村能人作用,请他们主动上门调解矛盾纠纷,将矛盾纠纷化解在萌芽状态。广泛开展"传家规、立家训、扬家风"活动,积极培育文明乡风、良好家风、淳朴民风。以讲文明、讲卫生、垃圾不乱丢等为着力点,推动"清垃圾、扫厕所、勤洗手、净餐馆、常消毒、管集市、众参与"爱国卫生七个专项行动常态化。妇代小组带头建设文明家庭,以"美德小家"共筑"祥和大家",定期开展"好婆婆、好媳妇、好姐妹、好姑嫂、好妯娌"评选等活动,评选"星级文明户""五好家庭",推动良好的家庭和睦、邻里和谐、民族团结再提升(图3.12)。

(a)

(b)

图3.11 村民共同打造旅游产业

图3.12 景亢村文明建设活动

在"六个共同"模式的指导下，景亢自然村村民们共同谋发展、建新房、美化村庄，在双江自治县创建"全国民族团结进步示范县"中，呈现出村美、民富、人和的新面貌，村庄绿化率达90%以上，多年来没有发生过打架斗殴、偷盗赌博等行为，被誉为"不上锁的村庄""没有围墙的村庄"，全村产业逐步发展壮大，建成产业化基地2830亩，人均达16.2亩；农家乐从无到有，共开办农家乐9户，旅游收入达300余万元；致富能手从少到多，培养了23名乡土人才；人均收入由2014年的7796元提高到2022年的21164元，高于全乡、全县的平均水平，基础设施建设、美丽村庄建设、旅游产业发展、社会治理和基层党组织建设都走在全县前列。先后被评为"临沧市十大优美村寨""省级民主法治建设示范村"和"省级文明村"，2019年12月31日，被国家民委命名为第三批"中国少数民族特色村寨"。

民族之间团结是实现多民族国家或地区可持续发展的基本核心，为实现民族团结，从外部需要实现多民族居民无差别地获得环境、经济提升带来的益处，从内部需要强有力的凝聚力以及引领的号召力。双江自治县沙河乡景亢村通过充分发挥基层党组织、村民理事会的引领作用及群众的主体作用，共同创"六个共同"管理模式，心往一处想，劲往一处使，创建"新房、新村、新景、新产业、新生活、新发展"的发展模式，将景亢村打造成"民族团结""共同富裕"的示范村落，并促进了多项可持续发展目标（SDG1、SDG2、SDG8、SDG11、SDG16）的落实。

参考资料

[1] 梁旺兵，王雷.国外民族旅游政策实践及启示[J].资源开发与市场，2016，32（5）：618-621.

[2] 何俊芳.国外多民族国家语言政策与民族关系[J].中南民族大学学报（人文社会科学版），2011，31（4）：11-15. DOI：10.19898/j.cnki.42-1704/c.2011.04.003.

[3] 嵇雷. 民族平等与"文化化"——国外民族政策的启示[J].学术论坛，2011，34（4）：52-55. DOI：10.16524/j.45-1002.2011.04.028.

[4] 严庆，姜术容，宋素培.2015年度国外民族政治研究热点概览[J].世界民族，2016（6）：102-108.

[5] 云南日报.双江：乡村旅游破题开篇[EB/OL].（2021-03-12）[2023-04-5]. https：//www.yn.gov.cn/ztgg/jjdytpgjz/ynjy/202103/t20210312_218259.html.

[6] 双江先锋：创新"六个共同"各民族同步迈向小康——双江自治县"六个共同"助推直过民族脱贫纪实[EB/OL].（2019-12-13）[2023-04-6]. http：//zswldj.1237125.cn/html/lc/sj/2019/12/13/b40534bf-48b9-4714-b9ca-48e63c606d98.html.

3.3 同步推进美丽乡村建设与经济高质量发展
——凤庆县安石村"六园共建"模式

临沧市凤庆县凤山镇安石村以绿色发展理念为引领,把新发展理念贯穿于美丽乡村建设之中,努力把生态资本变成富民资本,将生态优势转变为经济发展优势,实现美丽乡村建设与经济高质量发展相得益彰。通过推动茶园、果园、花园、菜园、家园、乐园"六园共建",并在此基础上合理规划,打造"滇红第一村"乡村振兴示范园,安石村走出了一条生态美、产业兴、农民富的可持续发展之路,先后被评选为全国文明村、全国一村一品示范村、全国乡村治理示范村,促进了SDG8(体面工作和经济增长)、SDG9(产业、创新和基础设施)、SDG11(可持续城市和社区)等可持续发展目标的落实。

农村人居环境是农村居民为满足其生产、生活和居住需要而进行相关活动的空间场所，关乎农村居民的福祉。农村人居环境的整治提升可以通过节约资源、改善基础设施、创造就业机会等途径，为生态、社会、经济等多方面发展起到促进作用。

联合国高度重视人居环境的改善提升。1985年12月17日，联合国设立"世界人居日"，人居环境可持续发展的理念被提出，进一步推动农村人居环境的研究。2004年联合国提出城乡相互发展的理念，改善城市人居环境的同时，也为农村地区增加基础设施、公共服务等。在《2030年可持续发展议程》中，SDG11要求"建设包容、安全、有抵御灾害能力和可持续的城市和人类社区"；其中11.6进一步要求，"到2030年，减少城市的人均负面环境影响，包括特别关注空气质量，以及城市废物管理等"。SDG9.1要求进一步关注基础设施建设，要"发展优质、可靠、可持续和有抵御灾害能力的基础设施，包括区域和跨境基础设施，以支持经济发展和提升人类福祉，重点是人人可负担得起并公平利用上述基础设施"。SDG8.9要求"到2030年，制定和推广可持续旅游的政策，以创造就业机会，促进地方文化和产品"，为人居环境提升如何反馈到经济发展上指出了可能方向。在《新城市议程》中，第65条提出"承诺促进可持续管理城市和人类住区的自然资源，以利于保护和改善城市生态系统和环境服务……通过环境友好型城市和地域规划、基础设施和基本服务，促进经济可持续发展和保障所有人的福祉和生活质量"；第67条提出"促进有吸引力和宜居的城市、人类住区和城市景观"。

伴随城市化进程的加速，我国城乡人居环境水平差距日益显著，农村人居环境也逐渐受到各级政府和社会各界的高度关注。随着乡村振兴的全面开展和美丽乡村的持续营建，我国的农村人居环境正在得到不断改善。

2005年10月，党的十六届五中全会提出建设社会主义新农村的重大历史任务，在《中共中央关于制定国民经济和社会发展第十一个五年规划的建议》中对社会主义新农村提出了"生产发展、生活宽裕、乡风文明、村容整洁、管理民主"的具体要求。2013年1月31日，中央一号文件《中共中央国务院关于加快发展现代农业进一步增强农村发展活力的若干意见》中，首次提出了要建设"美丽乡村"的奋斗目标，进一步加强农村生态建设、环境保护和综合整治工作，切实提高广大农村地区群众的幸福感和满意度。2018年，国务院办公厅印发了《农村人居环境整治三年行动方案》，把改善农村人居环境、建设美丽宜居乡村作为实施乡村振兴战略的一项重要任务，明确了农村人居环境提升的重点任务。在此基础上，2021年，国务院办公厅印发《农村人居环境整治提升五年行动方案（2021—2025年）》，提出农村人居环境治理是实施乡村振兴战略任务的关键与核心，事关广大农民根本福祉、农民群众健康与美丽中国建设。2022年，党的二十大报告中指出未来五年的主要目标任务，其中包含明显改善城乡人居环境、建设美丽中国，并将"美丽中国目标基本实现"作为2035年的远景目标之一。

云南省政府近年来在城乡人居环境方面启动了建设"绿美云南""绿美乡村"等行动。2022年，云南省委办公厅、云南省人民政府办公厅联合印发《云南省城乡绿化美化三年行动（2022—2024年）》，明确提出，通过三年行动，推进建设绿美乡镇300个，着力探索符合云南实际的城乡绿化美化建设路径和发展模式,全面提升城乡人居环境和人民生态福祉。提出了通过未来10年城乡绿化美化,将云南建成美丽中国新标杆、样板示范区的愿景。云南省结合自身特点,进一步提出了在人居环境改善的基础上发展产业,即绿化美化与生态经济、文旅产业、富民产业融合发展,补齐以绿化美化为基础的"绿美+"经济全产业链。

临沧紧紧围绕"美丽中国 绿美云南 醉美临沧"发展定位,通过实施《临沧市城乡绿化美化三年行动(2022—2024年)》,着力探索符合临沧实际的城乡绿化美化建设路径和发展模式,努力健全工作机制、建管运营模式、产业体系,提升临沧知名度和美誉度。随着绿美建设的推进,生态文明的红利逐渐显现,在产业结构升级、带动居民致富方面逐渐开始起到成效。

临沧市凤山镇安石村距县城6公里,辖4个自然村23个村民小组810户农户3338人。很早以前,安石村毁林种粮,乱砍滥伐现象严重,生态破坏、水土流失等后果日益加剧,村庄环境相对较差。过去一段时间以来,村民主要以种植玉米、水稻等传统农作物为生,产业结构单一,经济效益低下。如何在推动农村人居环境提升的同时,实现产业绿色转型发展与乡村振兴生态模式,实现生态治理的良性互动探索是制约安石村的可持续发展瓶颈问题。

通过"六园共建"促进经济、环境、文化全面提升。

安石村充分利用自然与社会资源,结合农业、住宅与旅游资源,关注人居环境的提升,推动茶园、果园、花园、菜园、家园、乐园"六园共建",在提升乡村人居环境、建设美丽乡村、打造旅游品牌方面作出了卓越贡献。

建设绿色茶园。

安石村联合周边村落,成立"滇红第一村"茶叶产业联盟,对高优生态茶园进行管理。抓住凤庆县"全国茶叶有机肥替代化肥示范县"创建机遇,引导群众使用有机肥替代化肥;集成使用太阳能杀虫灯、黄色粘虫板等绿色防控技术,实现零农药、零化肥,推动茶叶产业向优质、绿色、有机发展。由茶农对接安石村的制茶企业进行加工,企业再通过直接对接客户、加入产业联盟等方式促进茶叶销售。茶农既可以通过自己采茶获得收入,也可以协助其他农户采茶获得务工收入,有效带动了农民致富。截至2023年,全村共发展高优生态茶园6664亩,认证有机茶园1618亩,总产值达3000多万元(图3.13)。

图3.13 安石村茶园

建设多彩果园。

安石村推动农村产业绿色转型,退耕还林,发动农户在房前屋后、坑塘四旁、茶园地埂培育种植核桃树,并在规划地块集中连片栽种千亩果园(樱桃、甜脆李、杨梅、胭脂果等)。抓住地理位置靠近县城的机遇,通过旅游业带动果园产品销售,在补充村庄绿化空白,扮靓村庄底色的同时,创造了生态效益与经济效益双赢新局面。截至2023年,全村共有果园面积4000余亩,泡核桃面积11782亩。其中核桃投产面积5200

亩，产值达1900万元以上。

建设美丽花园。

安石村家家户户种茶花、养茶花，有着较好的茶花种养基础。安石村抓住茶花市场需求量增大的机遇，以支部为引领，搭建农户与企业利益联结平台，成立茶花专业合作社，采取"龙头企业（凤庆天诚实业有限责任公司）＋合作社＋基地＋农户"的经营模式，大力发展茶花产业。截至2023年，已建成茶花基地130亩，发展茶花品种300多个，3.2万株，提供就业岗位50多个，带动600户农户种植茶花，户均年收入达1万多元，在美化环境的同时，已经把茶花这一观赏型的植物发展成"庭院经济"（图3.14）。

图3.14　安石村住户院中的茶花

建设有机菜园。

安石村结合污水治理、厕所改造等政策部署推进，引导农户将经过三级处理的粪液、沼液等有机肥料用于房前屋后菜园浇灌，打造绿色有机"菜园子"。全村50%以上农户家有菜园，通过借助旅游餐饮业、农户自行销售、对接县城等方式结合实现蔬菜自产自销的同时，传统农业面源污染得到有效治理，农村生产生活环境显著改善。

建设洁净家园。

安石村村委通过发挥村规民约积极作用、建立乡村理事会进行管理监督、压实公共空间卫生责任、评比奖励示范户等方式，逐渐引导村民树立健康、绿色、清洁家庭新理念，家家户户形成房前屋后有花草树木、庭院布局合理美观、室内干净卫生、物品堆放整齐、门前清洁通畅，无乱搭、乱建、乱堆、乱挂的洁净家园（图3.15）。

图3.15　安石村村貌

建设休闲乐园。

安石村以滇红茶的历史文化渊源为契机，着力打造以"滇红茶"为核心的乡村振兴文旅小镇。在通过项目、基础设施建设进一步提升人居环境的同时，推动以茶促旅、以旅带茶、茶旅融合。2022年，"滇红第一村"景区累计接待游客10万人次，并于2022年获评为国家4A级旅游景区（图3.16）。

安石村通过"六园共建"，打造了"春夏有茶采、秋冬有果摘、四季有花卖"的美丽乡村，"六园"之间相互促进、相互补充，全面推动安石村产业转型、农业升级、农村进步、农民发展，为实现农业现代化、农村城镇化、农民职业化打下坚实基础。

图3.16 "滇红第一村"景区

科学规划，提升"六园共建"成果，打造以"滇红茶"为核心的乡村振兴示范园。

在"六园共建"对人居环境、经济、产业的全面提升的基础上，凤庆县委、县政府立足安石村及周边地区独特的资源优势，结合绿美云南建设、"万名干部规划家乡"行动等机遇，紧扣"农业增强、农民增收、农村发展"主题，进一步开发了一二三产业的潜力，着力推进乡村振兴示范园（田园综合体）建设，为经济发展、乡村振兴作出了卓越贡献。

安石村及周边地区拥有优越的产业、生态、文化资源基础。产业上，安石村及周边四个村发展重点茶产业，且地域相连，拥有3.2万亩茶园，年产鲜叶1.6万吨，毛茶4000吨，有20个专业合作社、67个制茶企业。生态环境上，周边片区生态环境优越，森林覆盖率达87%。历史人文方面，安石村旧称安石铺，原是中原进入凤庆县的重要关口驿道，是古时南茶马古道——顺宁道的必经之地。1938年冯绍裘先生来到顺宁后，在安石村成功试制第一桶红茶。自此以后，滇红茶历经曲折的发展历程，以其独特的魅力享誉中外，而安石村也以茶闻名，被誉为"滇红第一村"。

安石村结合这些优势，打破了行政区划界限，以安石村为核心，联合周边水箐村、落星村、红塘村、上寨村4个村，实行5村大联盟党建联合管理机制，通过大村带小村、强村带弱村、强强联合的方式，充实人员、土地、资金等多方资源。自2021年以来，以省委省政府《云南省城乡绿化美化三年行动（2022—2024年）》为准则，超前谋划、科学推进，围绕组织、生态、文化、产业、业态、道路、投资、运营"八大体系"，规划了以安石村为核心、茶旅融合、一体化的"滇红第一村"乡村振兴示范园（图3.17）。

提升基础设施。

"滇红第一村"以乡村振兴为抓手，坚持规划引领，进一步作实整村规划，补齐和优化基础设施短板，为产业发展打下基础。项目启动以来，"滇红第一村"修建核心区路网，配套游客接待设施、观光步道；完成特色林产业基地建设，安装太阳能路灯，全方位改善饮水设备，完成投资7000多万元（图3.18）。

聚焦项目建设。

在经济建设取得良好成果的基础上，"滇红第一村"投资大型项目建设，进一步提升项目品质。对滇红第一村全域进行了科学规划，规划面积69平方公里，覆盖5个行政村23个自然村1.3万人，规划总投资11.2亿元。构建三大发展环线，核心区规划主要打造14.49公里核心环线，串联茶花谷、南门牌坊、滇红活态博物馆、望城关4个关键节点，计划总投资4.9亿元。二环以万亩茶田为主，提质改造2.5公里道路；三环围绕桂花树森林公园和5个行政村，规划38.1公里环线。截至2023年，核心区建设累计完成投资2.211亿元（图3.19）。

第3篇 开发民族特色资源

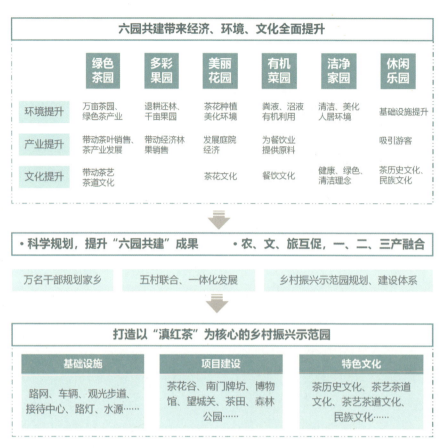

图3.17 安石村"六园共建"及其成果提升

图3.18 绿美公路

图3.19 "滇红第一村"核心区规划

培育特色文化。

"滇红第一村"将多元文化元素合理融入乡村旅游，汇聚乡村振兴不竭动力。将文化特色融入项目建设，茶花谷片区着重突出集茶花种植、餐饮、住宿、休闲娱乐于一体的餐饮文化及茶花文化。南门片区着重突出展示本土小吃和农特产品为一体的凤庆特色产品和本土小吃文化。滇红源活态博物馆片区着重突出滇红茶历史文化和茶艺茶道文化。望城关片区着重突出赏茶田、住茶山、寻茶源、品茶香、悟茶道于一体的餐饮文化及制茶体验文化。同时，"滇红第一村"立足村情实际，创作和编排了一批以"茶文化"为

图 3.20　茶花谷片区的滨河娱乐园

（a）

图 3.21　望城关片区的科技馆

（b）

图 3.22　滇红活态博物馆

主要内容的文艺作品，并结合民族文化及乡村旅游工作，在村内开展了文艺晚会、采茶体验、健身跑、篝火晚会等丰富多彩的文体活动，推动了文化服务与旅游需求的无缝衔接（图3.20~图3.22）。

从安石村的"六园共建"到"滇红第一村"乡村振兴示范园的建设，安石村和周边区域做强了二产、延伸了三产、拉动了一产，走出了一条生态美、产业兴、农民富的可持续发展之路，村庄环境、村民的生活水平、生活质量得到了显著提升。安石村先后获得"全国文明村""全国一村一品示范村""全国乡村治理示范村"等多个国家级名片。2019年以来，安石村累计承接各类旅游团队137个，接待游客4000多人次，散客4.5万多人次，通过茶叶销售、茶饼制作、游乐园分红、旅行社接待、旅游观光车、超市创收等共实现利润52.6万元，带动全村增收800多万元。2021年，安石村实现农村常住居民人均可支配收入达20100元；并在2022年继续上涨至21156元（图3.23）。

安石村从"六园共建"到"滇红第一村"的成功建设经验表明，在乡村振兴过程中，应归纳多方面的资源优势，在合理规划的基础上，对经济、环境、人文等方面进行全方位的提升。乡村人居环境提升在安石村的建设中贯穿始终，对提升村民生活质量、发展乡村旅游、拉动一二三产业全面发展中起到了不可忽视的作用。紧扣地域特色，在经济发展、环境美化、文化繁荣的基础上集中力量发展优势产业,是安石村为产业结构单一、欠发达的乡村地区走出瓶颈,有效推进乡村振兴、美丽乡村、绿美云南建设,带动农民发家致富提供的宝贵经验。

安石村大路外自然村茶花种植专业户罗正说道:"我从2005年因为个人喜好开始种植茶花,房顶和庭院里都种满了,逐渐产生了经济效益。这些茶花一部分自己面对客户销售,一部分通过村里的茶花专业合作社出售。去年卖了四、五百株茶花,每株价格从几百元到上千元不等。"安石村茶花专业合作社采取"龙头企业+合作社+基地+农户"的经营模式,大力发展茶花产业,打造美丽花园,带动农户切实将"美丽资源"转化成了"美丽经济"。

图3.23　罗正介绍茶花种植经济效益

参考资料

[1] 赵树迪，周显信.区域环境协同治理中的府际竞合机制研究[J].江苏社会科学，2017(6)：159-165.

[2] 董帅，闫海莹.生态文明视角下农村人居环境整治：问题检视与应对方略[J].西华师范大学学报（哲学社会科学版）.DOI：10.16246/j.cnki.51-1674/c.20230301.001.

[3] 文春波，武洪涛，冯德显，等.基于微观视角的伏牛山区农村人居环境现状分析及对策[J].地域研究与开发，2020，39(6)：133-137.

[4] 张娟，孙瑞瑞，何艳冰.国际农村人居环境研究知识图谱分析.资源开发与市场，2022(6)：679-687+738.

[5] 王佳锐，高文永，魏孝承，等.国外改善农村人居环境及其经验借鉴研究[J].中国农业资源与区划，2023，44(4)：89-98.

[6] 李宁，李增元.农村人居环境治理的行动逻辑与实现路径研究——基于行动科学视角.学习论坛，2022(5)：88-95.DOI：10.16133/j.cnki.xxlt.2022.05.012.

[7] 于法稳.乡村振兴战略下农村人居环境整治[J].中国特色社会主义研究，2019(2)：80-85.

[8] 郜慧，金家胜，李锋，等.中国省域农村人居环境建设评价及发展对策[J].生态与农村环境学报，2015，31(6)：835-843.

第4篇 推进美丽家园建设

按照"产业兴旺、生态宜居、乡风文明、治理有效、生活富裕"的总要求,坚持走城乡融合发展之路、走共同富裕之路、走质量兴农之路、走乡村绿色发展之路、走乡村文化兴盛之路、走乡村善治之路、走中国特色减贫之路。

——《云南省临沧市可持续发展规划(2018—2030年)》

4.1 建设美丽家园　维护民族团结　守护神圣国土
—— 临沧市现代化边境小康村建设经验

　　针对边境乡村地区生产生活条件落后、基础设施不完善、常住人口急剧减少，乡村空心化、无产业化等问题，临沧市依托边境特色优势资源丰富，持续提升基础设施建设，坚持全产业链谋划沿边乡村发展，积极打造农村宜居环境，全面提升民众劳动技能，深化强边固防机制。在各项政策的推动下，临沧市边境行政村生活条件更加改善、增收基础更加巩固、人居环境更加秀美、民生保障更加全面、边境屏障更加牢固、党建引领更加有力，群众获得感和幸福感不断提升。边境小康村建设实现了快速发展，开创了边疆稳固新局面，促进了SDG8（体面工作和经济增长）、SDG10（减少不平等）、SDG11（可持续城市和社区）等目标的落实。

　　在城市化推进过程中，乡村生产生活条件落后、基础设施不完善、常住人口急剧减少，乡村空心化、无产业化问题日益凸显，城市繁荣与乡村衰落形成了鲜明对比。随着城市化进程的不断推进，农村衰落与可持续发展的问题开始在世界范围内得到重视。

2015年9月,联合国发布的《2030年可持续发展议程》中,SDG11.3指出"到2030年,在所有国家加强包容和可持续的城市建设,加强参与性、综合性、可持续的人类住区规划和管理能力",SDG11.a指出"通过加强国家和区域发展规划,支持在城市、近郊和农村地区之间建立积极的经济、社会和环境联系",SDG8.2指出"通过多样化经营、技术升级和创新,包括重点发展高附加值和劳动密集型行业,实现更高水平的经济生产力"都对乡村可持续及现代化发展提供了明确的发展目标。

党的十八大以来,中国把脱贫攻坚放在突出位置,以精准扶贫、精准脱贫为基本方略,组织开展了脱贫攻坚人民战争,为农业农村现代化发展奠定基础;2017年,党的十九大报告中提出实施乡村振兴战略,要求建立健全城乡融合发展体制机制和政策体系,加快推进农业农村现代化;2022年,党的二十大报告提出要加快建设农业强国;2023年中央一号文件提出坚持农业农村优先发展,中国在探索农业农村现代化的道路上走出了一条立足本国国情的特色化道路。

云南省是多民族的边疆省份,边境地区的乡村振兴与现代化发展成为云南省乡村振兴的工作重点。党的十八大以来,云南省以建设全国民族团结进步示范区为统领,深入开展实施兴边富民工程、改善沿边群众生产生活三年行动以及边境小康示范村建设,奋力拓展乡村振兴之路,创新开展现代化边境小康村建设。2021年7月,云南省印发《云南省建设现代化边境小康村规划(2021—2025年)》,提出围绕实现"经济发展、社会事业、基础设施、基层治理体系和治理能力、边境防控、边民思想观念"等6个方面的现代化任务,并于同年11月全面正式启动建设工作。

临沧市地处云南省西南部,因濒临澜沧江而得名"临沧"。临沧与缅甸接壤,是昆明通往缅甸仰光的陆上捷径,边境线长290.791公里,跨越镇康县、耿马自治县、沧源自治区3个县10个乡(镇)44个村(社区)249个自然村。临沧市资源丰富,有着独特的沿边区位开放潜力、丰富的民族文化资源、优良的生态环境和丰饶的自然资源,被誉为世界佤乡、天下茶仓、恒春之都。但是受历史、地理、经济、社会等诸多因素影响,临沧市所辖一区七县均属滇西边境山区集中连片困难地区,是云南省脱贫攻坚主战场之一,贫困面大、贫困人口多,属于典型的边疆多民族欠发达地区。依托边境特色优势,探索边疆多民族欠发达地区高质量、可持续发展之路将势在必行。

临沧市在云南省启动边境小康村建设的工作中率先行动,2019年制定《临沧市率先把沿边村寨建成小康村实施方案》,提出小康村建设主要任务。2022年制定《临沧市建设现代化边境小康村规划(2021—2025年)》,进一步细化小康村建设目标与发展举措。

在方案与规划的指导下,临沧市通过对标现代化边境小康村建设,按照工作项目化、项目清单化、清单责任化的工作思路,围绕"基础牢、产业兴、环境美、生活好、边疆稳、党建强"六个方面,有序推进现代化边境小康村建设工作。在基础牢方面,持续提升交通网、水网、信息网等基础设施建设;在产业兴方面,立足"糖、茶、果、菜、牛、咖啡、中药材"等优势高原特色产业,谋划经济建设发展;在环境美方面,积极开展村庄绿化、美化、亮化,着力打造农村宜居环境;在生活好方面,全面提升民众劳动技能,丰富全民文化生活;在边疆稳方面,构建"人防、物防、技防"三防融合体系,深化强边固防机制;在党建强方面,将行政村规范化党支部建设成果向自然村、村民小组延伸扩大,激发广大群众的活跃度、参与度。临沧市把乡村振兴与现代化边境小康村建设紧密结合,在各项政策的推动下,边境小康村建设实现了快速发展,开创了边疆稳固新局面(图4.1)。

图4.1 临沧现代化边境小康村建设任务

沧源佤族自治县充分挖掘生态资源和民族文化特色,推进文化保护传承的同时,积极发展特色产业,助力现代化边境小康村建设。

沧源佤族自治县,位于临沧市西南部,俗称阿佤山区,西部和南部与缅甸掸邦第二特区勐冒县和南邓特区接壤,国境线长147.08公里,辖4个镇6个乡。沧源佤族自治县全境属国家二类开放口岸,是云南连接东南亚、南亚的重要通道和主要门户之一,是中国面向西南沿边对外开放的重要桥头堡和最前沿窗口。沧源自治县沿边优势突出,自然生态宜居,是中国最大的佤族聚居县,先后被评为"全国民族团结进步示范县"、中国首批"乡村治理体系建设试点县""全国村庄清洁行动先进县""全省全域旅游示范县""云南省首批美丽县城"(图4.2)。

沧源佤族自治县通过搭建平台、引进企业、对接市场、打造产业链等措施,建设"佤"字头特色产业品牌,推动产业发展。重视人才振兴,通过实施人才培训工程、争取援疆帮扶资源、建立专家工作站与培训基地、选派年轻优秀干部等举措培养乡村振兴关键力量。重视文化振兴,通过加大原生态佤文化的保护与传承,打造宜居、宜游、宜业的"世界佤文化中心"。重视生态振兴,通过建设世界佤乡乡村振兴产业示范园、开发生态旅游项目和提供生态旅游产品、实现全域生态旅游。重视组织振兴,通过实施"乡村治理工程"等措施发挥基层党组织和网格化管理工作在自然灾害处理、应急处置等工作中的积极作用。通过深入实施边境小康村建设工程,沧源佤族自治县边境行政村(社区)建成达标型村庄115个、提档型村庄25个、示范型村庄12个,全县现代化边境小康村建设呈现新局面(图4.3)。

图4.2 临沧市沧源佤族自治县新村

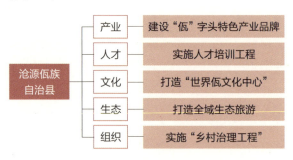

图4.3 沧源佤族自治县边境小康村建设模式

沧源佤族自治县有着丰富的天然蜜粉源植物资源，独具特色的米团花能酿出佤乡独有的黑蜜。依托优越的生态资源与独特的民族蜜蜂文化资源，为提升蜜蜂传统产业、发展新兴特色产业，2020年12月，沧源佤族自治县人民政府与中国东方航空集团有限公司和中国农业科学院蜜蜂研究所共同签署了《蜜蜂产业帮扶合作协议》，2021年10月，中国农业科学院蜜蜂研究所云南沧源试验站在沧源佤族自治县班洪村下班坝自然村挂牌成立，致力于破解技术难题。在广泛深入的调研之下，试验站瞄准被誉为"蜜中上品"的米团花这一沧源佤族自治县独特蜜源，为沧源佤族自治县发展特色产业提供支撑。2022年11月，在中国东方航空集团有限公司的持续牵线推动下，知名跨国企业正大投资股份有限公司与沧源佤族自治县举行"中蜂标准化养殖项目"合作协议线上签约仪式，正大投资股份有限公司的蜂蜜项目由此正式落户当地。据统计，截至2021年1月4日，沧源佤族自治县共有养蜂农户7206户，分布在单甲、班洪、勐来、勐角、岩帅、芒卡等乡镇，建有勐来乡、班洪乡2个日处理5吨蜂蜜的加工厂，蜜蜂养殖专业合作社13个，养殖蜂群7376群。注册的蜂产品商标有单甲安也佤蜜、勐来曼来百花蜜、班洪南滚河蜂蜜3个，蜂产品已在阿里巴巴、淘宝、京东商城等在线销售，销售产量129吨，实现产值1032万元（图4.4~图4.6）。

沧源佤族自治县班洪乡班洪村下班坝村在产业发展、经济发展的道路上积累了丰富的经验。据班洪村村支书杨志良介绍，班洪村在发展中遇到的最大瓶颈问题就是没有产业支撑。尤其下班坝村是9个自然村中最穷的一个，这里土地资源差，大部分为雷响田，完全是靠天吃饭。直到2002年，上一任村支书带领大家开始大面

图4.4 中国农业科学院蜜蜂研究所沧源试验站工作人员正在检测蜂蜜抗生素含量

图4.5 蜂场农户检查蜜蜂生长情况

图 4.6　沧源佤族自治县南滚河蜂蜜品牌

积种植茶叶，农民收入情况才有所好转。2019年底，在民委项目、沪滇协作等项目资金扶持下，下班坝村启动景区建设，提升景区软硬件设施，引导村民对房屋进行特色包装。2020年10月景区开业，2022年全年门票收入超过90万元，2023年1月至4月19日，门票收入已突破百万。2022年底，下班坝村所在的南滚河景区被认定为4A级旅游景区。如今，通过旅游业带动副产业发展，村民经营农家乐、售卖农特旅游产品等，全部实现增收。下班坝村通过"党组织+公司+合作社+农户"的模式，将蜜蜂产业与观光旅游、庭院经济融合，全村298户全部入社，2021年底每户分红1092元。2022年，班洪村成功申请了"葫芦王地·传奇班洪"注册商标（图4.7~图4.9）。

沧源佤族自治县班洪乡班洪村村支书杨志良介绍："我们不搞大拆大建，景区以生态建设为主，打造'微景观、微花园、微菜园、微果园'。到旅游旺季，村民还会在家门口摆小摊，销售蜂蜜、竹笋等土特产。"

图 4.7　杨志良介绍景区生态建设现状

耿马自治县在现代化边境小康村建设的过程中，走出了一条创新的道路。以项目为引领，实施全域规划，通过237个项目、3.71亿元投资优化边境村建设，实现"一村一规划"。

耿马自治县位于临沧市西南部，与缅甸山水相连，国境线长47.35公里，是临沧乃至昆明通

图4.8 班洪村"葫芦王地·传奇班洪"注册商标证

(a)

(b)

图4.9 "葫芦王地·传奇班洪"乡村旅游景区

往缅甸仰光以及印度洋缅甸海岸的皎漂港最便捷的陆上通道。耿马自治县辖9个乡（镇）、2个农场、1个华侨管理区、80个村民委员会和12个社区，其中孟定镇为国家一类开放口岸。耿马自治县物产资源丰富，全县90%以上的土地分布在热带和亚热带，是国家粮食和蔗糖生产基地和云南民营橡胶主产区，2014年荣获云南省高原特色农业示范县称号。少数民族人口占总人口的55.3%，傣族文化、佤族文化等民族文化多姿多彩，积淀了深厚的文化底蕴（图4.10）。

图4.10 耿马傣族佤族自治县谷魂节

耿马自治县补足基础设施建设的短板，在工作中采取"县级挂包领导＋县级挂包部门＋省级科技特派员＋驻村工作队"的工作模式，对实施项目进行过程式管理，通过推行项目进度周报、月报等制度，有效完成基础设施的建设任务。在产业发展方面，依托地区得天独厚的区位优势和生态环境，立足产业现状，采取"龙头企业＋党支部＋合作社＋基地＋农户"的产业发展模式，大力发展山地肉牛养殖、蚕桑种植养殖、山地瓜果蔬菜种植等特色产业。重视人居环境质量的提升工作，开展村庄绿化、美化、亮化，垃圾污水治理和厕所改造活动，建立村庄保洁制度、垃圾收费制度等长效机制，将绿美乡村建设融入小康村建设中。

耿马自治县生态环境保存良好，茶叶种植历史悠久，产业基础扎实，具有浓郁的茶叶文化底蕴。立足茶资源和茶产业优势，耿马自治县持续从供给侧精准发力，打生态牌、走绿色路，加快推动茶产业转型升级，把茶旅融合发展同边境小康村建设有机统一起来，走出了一条以茶兴产、以茶促旅、以茶富民的高质量发展新路子。

耿马自治县立足茶资源和茶产业优势，规划了以勐撒镇为中心，辐射四排山乡、芒洪民族乡、大兴乡、勐简乡、勐永镇等6个万亩连片茶产业聚集带的茶产业聚集带，将沿途村庄、原有建筑等景点串点成线，探索"以茶促旅、以旅带茶、茶旅共融"的茶旅一体化发展模式。全县现有茶园11.87万亩，综合产值达5.6亿元，茶农7.5万人，人均收入5120元（图4.11）。

图4.11　耿马自治县边境小康村建设的工作模式和产业模式

出台《耿马自治县古茶树保护条例实施办法》，做好普查、挂牌保护、执法等工作。普查发现古茶树（园）群落5.35万亩，其中，野生古茶树群落4.43万亩，古茶树累计认定保护挂牌88株，古茶园累计认定保护6个，面积9224亩。截至2023年6月，全县共有通过QS认证的茶叶企业15家、茶业初制所119个、龙头企业7户，"鹤益"牌香竹林生饼茶获得"临沧市十大名茶"品牌，"耿马土司贡茶""耿马蒸酶茶"等地理标志产品完成申报认证；5.9万亩茶园基地完成绿色有机认证（图4.12）。

镇康县以基础提升、产业兴旺、环境美化、意识教育、边疆稳固和党建引领六个方面的优先发展扎实推动全县现代化边境小康村建设。

镇康县位于临沧市西部，南汀河下游和怒江下游南北水之间，西与缅甸果敢县接壤，边境线长达96.358公里，有1个国家二类口岸和6个边民互市点，是国家"一带一路"倡议、孟中印缅经济走廊建设和云南面向南亚东南亚辐射中心建设的前沿窗口。镇康县被住房和城乡建设部命名为国家园林县城，并入选2018年度全国"平安农机"示范县。2019年4月30日，云南省人民政府决定镇康县退出贫困县序列（图4.13）。

图4.12　耿马自治县茶园

图4.13　临沧市镇康县

镇康县立足基础提升工程，通过对基础设施布局优化、进行基础设施投资等举措，促使基础设施综合保障能力不断提升，建设体系不断完善。聚焦产业发展，建设优质烟叶基地，提升澳洲坚果发展规划，实行"边民集市+企业+合作社"的互市经营模式。2022年全年，有14个沿边行政村（社区）村集体经营性收入均达10万元以上，农村常住居民可支配收入超全县平均水平。开展环境美化工程，实现生活垃圾处理率达88%，生活污水有效治理率达80%，卫生厕所普及率达94%。深化意识教育工程，在全县开展中华文化符号和中华民族视觉形象工程，提升人们的中华民族自豪感。重视边疆稳固，将人防、物防、技防高度融合，建立起打击跨境违法犯罪的防控体系，维护民族的团结和谐。围绕党建引领，实现标准化、规范化党支部全覆盖，在所有行政村建设标准化、规范化党支部，党群服务中心基本公共服务全覆盖（图4.14）。

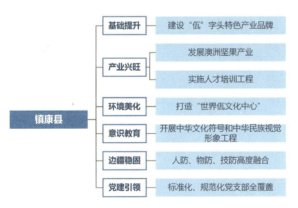

图4.14 镇康县边境小康村建设模式

镇康县是云南省临沧市最早引进种植澳洲坚果的地区之一，凭借独特的"光、热、水、土、风"等自然条件和良好的生态环境，发展了43万亩澳洲坚果产业基地，培育、驯化的地方品种品质优越，被称为"临沧坚果"。2018年，"临沧坚果"获农业农村部颁发的农产品地理标志认证。

在发展澳洲坚果产业中，镇康县将政策引导与市场化运作机制相结合，探索出"企业—党组织—合作社—农户"的"双绑"利益联结的产业发展机制。以龙头企业牵头带动，成立合作社，通过党员大户引领，部门配套服务的发展模式，延伸产业链，聚焦提高附加值，全面提升澳洲坚果产业化水平。全县有26518户农户发展坚果产业，通过土地流转等方式实现连片开发和示范种植，推动澳洲坚果规范化、规模化种植。同时企业聘用被流转土地的村民对示范基地进行统一管理，统一培训技术，严格坚果管护技术标准，并把控采摘时限，进行统一采收，实现坚果提质增效。企业与农户签订《技术服务及果实回购协议》，制定果实收购最低保护价，农户还可以获得与市场同等价位优先上门收购的保障。农户不仅可以获得土地流转金，还可实现就地就近就业，同时坚果销售无忧，为农户提供了全方位保障。

通过"双绑"利益联结机制，实现了群众增收、村集体增资、企业增效、财税增长的多赢局面。镇康县撬动小坚果形成大产业，打造成世界一流"绿色食品牌"和世界一流"坚果之乡"。截至2021年，全县坚果产业基地稳定在43万亩，挂果面积26万亩，产量1.41万吨，综合产值达8.07亿元。全县现有3个坚果龙头企业，在镇康工业园区建有加工厂3座，初加工能力达到4.2万吨、精深加工能力能够达4000吨，果农户均收入6577元，工业产量达3733吨，税收560万元（图4.15）。

临沧市立足区域优势，在推进绿美建设、人居环境整治提升等工作的同时，不断挖掘特色资源，发展特色产业，增强农村长期可持续发展"造血"功能，促使建设项目稳定推进，逐步实

图4.15　镇康县澳洲坚果园

现边境乡村现代化。在临沧市290.791公里边境线上，249个现代化边境小康村正在建成，临沧市边境小康村建设对边疆多民族欠发达地区实现创新驱动发挥示范效应，为落实《2030年可持续发展议程》提供实践经验。未来，包括中国可持续发展议程创新示范区在内的广大地区，将在2030可持续发展目标的指导下，实现农业农村现代化的战略目标。

参考资料

[1] 今日临沧. 现代化边境小康村建设 | 临沧：向现代化边境幸福村阔步迈进[EB/OL]. 2023-04-23. https：//mp.weixin.qq.com/s?__biz=MzI3OTQzMjUzNQ==&mid=2247717395&idx=1&sn=35e1c56af6e12dca73baabf7838ecaaa&chksm=eb4a0e2bdc3d873d5f91dbc240a88d9afde6e788fc6e2629d417023a8385abb4badd6b7e45fb&scene=27.

[2] 临沧市人民政府. 临沧现代化边境小康村建设稳步推进[EB/OL]. 2022-09-13. http：//www.lincang.gov.cn/info/1026/76951.htm.

[3] 中国农业信息网. 沧源推动蜜蜂产业不断发展壮大[EB/OL]. 2021-01-04. http：//www.agri.cn/V20/ZX/qgxxlb_1/yn/202101/t20210104_7588320.htm.

[4] 临沧市农业农村局. 耿马稳步推进茶叶产业发展[EB/OL]. 2022-02-25. http：//www.lincang.gov.cn/info/1410/36528.htm.

[5] 临沧市人民政府. 耿马：按下现代化边境小康村建设"快进键"[EB/OL]. 2022-11-11. http：//www.lincang.gov.cn/info/1028/82448.htm.

[6] 镇康县人民政府. 镇康："双绑"机制撬动"小坚果"成"大产业"[EB/OL]. 2022-02-24. http：//www.ynzk.gov.cn/info/1012/13857.htm.

[7] 马平，甘雨. 蜂旅融合，提速乡村振兴——临沧市沧源县蜂产业发展现状调研[J].蜜蜂杂志，2021，41(5)：34-36.

[8] 胡梅君，李春林，赵丽槐. 唱响阿佤人民的幸福新歌[N]. 云南日报，2022-08-19(001). DOI：10.38259/n.cnki.nynrb.2022.004165.

[9] 朱玉芹，成求勇，吴烨. 民族地区脱贫攻坚与乡村振兴衔接对策研究——以临沧市耿马傣族佤族自治县为例[J]. 昆明冶金高等专科学校学报，2021，37(4)：41-45.

[10] 云南省乡村振兴局. 党建引领巩固脱贫成果的"班洪路径"——临沧市沧源县班洪村基层党组织联农带农典型案例[EB/OL]. 2023-01-18. http：//ynxczx.yn.gov.cn/html/2023/jiguandangjian_0118/6829.html.

[11] 经济日报. 边境上的小康村怎么建——云南临沧市沿边村庄探访记[EB/OL]. 2022-07-06. https：//baijiahao.baidu.com/s?id=1737555780556643804&wfr=spider&for=pc.

4.2 "共叙乡情 共建家园 共谋发展"，内联外引回馈乡村发展
——临沧市万名干部规划家乡行动

聚焦农业农村发展和农村人居环境提升需求，临沧市将村庄规划作为实现乡村振兴的重要基础，率先开展了"万名干部规划家乡行动"的探索实践。以乡情为纽带，回乡公职人员积极献智出力，围绕编制"多规合一"的实用性村庄规划，听取群众意见，协助各乡村编制完成规划成果并推进其提升和完善。该实践不仅有利于高质量编制村庄规划，助推乡村振兴，还探索了引导群众参与基层治理和加强人才队伍建设的创新经验，助力了SDG11（可持续城市和社区）、SDG16（和平、正义与强大机构）等可持续发展目标的落实。

部分远离城区、地处偏远的乡村地区，长期以来由于青壮年劳动力持续减少、公共服务供给不足、基础设施破败不堪，形成了"人口流失—经济衰退—生活品质下降—人口继续流失"的恶性循环。加强对于乡村发展决策能力的提升，构建和谐的城乡社会环境，提高乡村建设的凝聚力，才能改变农村当地落后的发展局面，实现农业农村现代化建设。

《2030年可持续发展议程》中SDG11和SDG16为指导全球乡村复兴提供了政策性纲领。SDG11围绕人类住区问题提出了"建设包容、安全、有抵御灾害能力和可持续的城市和人类住区"的发展目标，SDG11.3具体指出"到2030年，在所有国家加强包容和可持续的城市建设，加强参与性、综合性、可持续的人类住区规划和管理能力"。同时，SDG16提出"和平、正义与强大机构"的目标，在SDG16.7中强调"确保各级的决策反应迅速，具有包容性、参与性和代表性"。中国于2016年9月发布《中国落实2030年可持续发展议程国别方案》，建设"国家可持续发展议程创新示范区"成为中国政府全面推动落实联合国可持续发展议程的重要举措。

2004年至2023年，中国政府连续20年发布以"三农"为主题的中央一号文件，立足世情国情，把握发展规律，坚持把农业农村优先发展作为工作重中之重。要解决好贫困地区的"三农"问题，实现农业的全面升级、农村的全面进步和农民的全面发展，需要抓住实施脱贫攻坚战略和乡村振兴战略的双重机遇，在摆脱贫困的基础上乘势而上，实现乡村振兴背景下的共同富裕。云南省为全面贯彻落实乡村振兴战略，扎实推进现代农业高质量发展和乡村发展，2018年5月发布《云南省乡村振兴战略实施意见》，对云南省乡村产业发展现代化、打造绿色生态产业、推进农村生活环境整治等方面进行了详细部署。

2012年4月，临沧市被批准为国家可持续发展实验区。作为国家可持续发展实验区，临沧市认真落实国务院批复要求，坚定不移贯彻新发展理念，努力建设好美丽家园。2018年5月，临沧市印发"乡村振兴战略"实施方案，细分了四个工作阶段。2018年12月，为推进乡村振兴和推动人才资源下沉，临沧市率先开展了"万名干部规划家乡行动"，调动全市干部参与家乡规划建设的积极性，以"我的村庄、我规划"为主题，全面提升村庄规划整体质量和水平。2019年，国务院批复同意成立临沧市国家可持续发展议程创新示范区，临沧市响应上级部署要求，坚持规划先行，召开了全市城乡规划工作现场推进会，组织"万名干部规划家乡行动"，为两年后云南省出台全省范围内"干部规划乡村行动"提供了宝贵的实践经验。

为巩固拓展脱贫攻坚成果，接续推进乡村振兴战略，2021年4月云南省在全国率先开展了"干部规划家乡行动"。云南省委组织部、云南省自然资源厅等9部门联合印发《关于开展"干部规划家乡行动"的通知》，积极动员出生地或生长地在云南的在外公职人员利用节假日回乡，在三年时间内帮助完成全省行政村、农村社区村庄规划编制，为乡村振兴贡献力量（表4.1）。

国家和地方出台相关政策　　　　表4.1

出台时间	文件名称	文件主旨
2015年11月	《中共中央 国务院关于打赢脱贫攻坚战的决定》	提出脱贫攻坚
2017年10月	《十九大报告》	
2018年1月	《国务院关于实施乡村振兴战略的意见（中央一号文件）》	提出乡村振兴战略
2018年3月	《2018年政府工作报告》	
2018年5月	《云南省农村人居环境整治三年行动实施方案（2018—2020年）》	完善"乡村振兴战略"配套政策体系

续表

出台时间	文件名称	文件主旨
2018年5月	《中共云南省委云南省人民政府关于贯彻乡村振兴战略的实施意见》	细化"乡村振兴战略"具体实施目标与实施步骤
2018年5月	《中共临沧市委 临沧市人民政府关于贯彻乡村振兴战略的实施方案》	
2018年11月	《中共临沧市委办公室 临沧市人民政府办公室关于开展临沧市"万名干部规划家乡行动"的通知》	构成"乡村振兴战略"配套政策体系之一
2021年8月	《临沧市"万名干部规划家乡行动"成果提升完善工作方案》	构成"乡村振兴战略"配套政策体系之一

考虑到本地干部人才资源有限，发展规划成本过高且适应性不足等问题，临沧市充分发挥在外公职人员熟悉家乡的优势，启动"万名干部规划家乡行动"，实现脱贫攻坚与乡村振兴的有效衔接。通过为走出村庄的公职人员提供参与村庄发展的正式机会，以自然村为基本单位，形成本地人才带头、村民自己规划家乡的实施路径，为村庄规划提供一种可复制推广的经验模式。

以乡愁为桥梁纽带，激发"反哺情怀"。出生地或成长地在临沧市农村地区的公职人员主动联系村党组织登记报备，村党组织同步摸排联系本村在外公职人员，双方互动确定公职人员底数，明确一名牵头人，牵头人负责组建由公职人员、退休干部、村组干部、老党员、村民代表、乡贤能人、自然村理事会成员等人员组成的村庄规划小组，结合实际确定规划工作的目标、内容、措施等。

以村庄为基本单元，激活"肌体细胞"。把城市、乡镇、集镇规划范围外的自然村全部纳入规划范围，进行近期、远期规划。市、县、乡三级分别成立工作领导机构，组建工作专班，作好技术指导和业务咨询服务。干部回乡后广泛听取基层党员、群众意见建议，围绕编制"多规合一"实用性村庄规划，协助村党组织编制完成"两图一书一表一民约"规划成果，即自然村村域规划图、自然村村庄规划图、规划说明书、规划项目统计表和自然村《村规民约》。规划成果经村民大会表决通过后报上级规划主管部门审查备案。

以上下结合为原则，落实"四个清单"。村庄规划形成后，回乡干部和村党组织进一步梳理自然村人才清单、资源清单、问题清单、工作清单"四个清单"。针对清单逐一列出，排出时间表逐项组织实施。

从技术规范、人才队伍、规划跟踪进行实施保障。编制《临沧市"万名干部规划家乡行动"干部手册》，制作以自然村为单位的村域卫星航拍影像图、村庄规划区范围正摄影像高清航拍图，聘请规划设计单位技术人员驻县区、乡镇帮助作好技术服务指导。在市、县、乡三级成立领导小组的基础上，市委组织部联合市自然资源规划局牵头成立项目组和4个调研指导组，定期深入各县（区）乡村一线督导推进，以项目化方式推动工作落实落地。

2021年，为指导云南省各地有序开展"干部规划乡村行动"，云南省干部规划家乡行动项目组办公室根据《关于开展"干部规划家乡行动"的通知》及相关政策法规文件要求，起草了《云南省干部规划家乡行动工作手册（第一版）》。"干部规划家乡行动"工作流程明确了工作开展的具体步骤以及每一步骤的责任主体、工作内容和工作要求，共分为7个环节，28个步骤。

一是作好准备工作。制定关于开展"干部规划家乡行动"工作通知和相关配套文件，明确组织领导、目标任务、方法步骤、时间节点、成果要求、完成时限等，确定牵头部门、部门职责、服务保障等事宜；市、县、乡三级分别成立工作领导机构，组建工作专班；广泛组织发动，调动各方力量积极参与村庄规划编制；安排"干部规划家乡行动"规划任务及内容的学习培训。

二是确定规划任务。梳理出需要编制村庄规划的行政村（社区）数量、名称、村庄类型和村庄特征；由县级自然资源部门牵头制定年度编制计划；上报至省自然资源厅（项目组办公室）审核；审核通过后的年度编制计划由省自然资源厅（项目组办公室）下发至各州（市）人民政府执行，同步抄送省级项目组成员单位。

三是组建规划组。摸排本村在外公职人员、乡贤能人等人员情况并登记造册，并征求回乡干部本人意愿；乡村两级党组织提出规划编制组初步人员名单，并报县级组织部门审核备案；县级组织部门发函至回乡干部所在单位组织人事部门确认；县级通过购买服务等方式确定规划编制技术单位，做好"干部规划家乡行动"技术服务工作。

四是打牢规划基础。在"云南省'干部规划家乡行动'信息系统"填报信息、步骤；将准备好的工作底图、基础图件和相关数据资料分发至各乡镇（街道）联络服务站，规划编制组到乡镇（街道）联络服务站领取；实地调研村庄自然资源、历史和民俗文化资源、社会经济情况、产业现状、基础设施和公共服务设施现状等；梳理村域资源禀赋，存在的问题和不足，了解村民生产生活需求和发展意愿。

五是编制规划草案。明确村庄规划目标，初步制定规划内容；编制产业发展规划；编制基层党建和人才发展规划；按照规划成果草案，形成"两图一书一表一民约"规划草案。

六是规划成果入库。村庄规划草案标准化、规范化；经乡镇（街道）党委、政府审核同意后，报县级规划审查组审查；审查修改完成后，按提议、商议、审议、村民代表会议或村民会议决议的程序，审议、表决并公示；公示无异议的规划成果进行审批备案。

七是推动规划实施。将规划刚性管控内容纳入村规民约；各级加强对村庄规划的监督实施与管理；各级各部门和回乡干部争取项目资金推动规划实施；县级组织部门向回乡干部所在单位反馈工作成效（图4.16）。

临沧市通过"万名干部规划家乡行动"，充分尊重村民的知情权、决策权、监督权，群众的事情让群众做主，有效破解了以往村庄规划照搬城镇规划、千村一面、无法落地等问题，一批批示范村开始涌现。

临翔区成立区、乡（镇、街道）两级工作联络服务站，为回乡规划干部提供基础材料及政策咨询服务，开通公共邮箱及微信群，抽调区相关部门技术骨干组成村庄规划审查组，对回乡规划工作给予业务指导，推动全区形成低成本、可复制、可推广、可持续的乡村振兴工作新路径。其中，邦东乡邦东村紧紧抓住机遇，主动融入大滇西旅游环线，依托昔归茶独特的资源优势，调整"以茶兴旅"发展的定位，规划建设了游客服务中心、茶养康居半山酒店、云海观景台等；凤翔街道石房村规划建设了集蔬菜制画体验、生态花果采摘、民族风情领略、乡村旅游观光于一体的田园综合体；马台乡唐家村依托澜沧江沿岸经济带的建设，及时调整甜笋产业规划，将种植规模扩大至3万亩，全村2021年甜龙竹产值突破500万元；博尚镇永和村立足传统村落保护和乡村风貌提升，修缮提升老式砖木建筑，着力把老旧房屋打造成为冷饮、咖啡、简餐等经营场所，

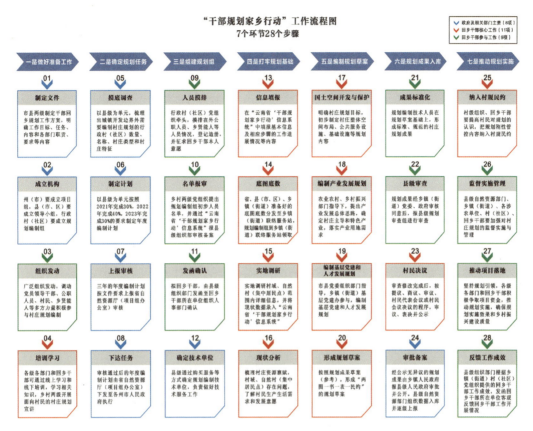

图4.16 "干部规划家乡行动"工作流程图

(图片来源:《云南省干部规划家乡行动工作手册(第一版)》)

打造观光体验型乡村振兴示范点。

凤庆县成立县乡"万名干部规划家乡行动"工作联络服务站,及时帮助各乡镇、自然村解决规划工作难题,为规划工作提供技术保障。回乡规划干部及群众深入实地踏勘,着力找准发展优势及存在不足,科学编制项目清单。凤山镇等上村小岭岗自然村由市委组织部干部先行牵头组织规划,对道路工程、活动场所、亮化工程、河道治理工程、排污工程、产业发展项目等进行详细规划,为其他自然村开展村庄规划积累了丰富的经验(图4.17)。

云县在完成前期规定动作的基础上,注重发挥群众参与规划积极性与主体作用,讨论自然村规划编制、项目需求、土地使用、村规民约商定等事宜,探索党建工作与乡村振兴的深

图4.17 凤庆县小湾镇规划小组协助村民共绘发展蓝图

度融合。其中,茂兰镇安乐村采取"支部+企业+合作社+农户"的发展模式,带动76户农户发展养殖业,实现村集体经济增收35.6万元;爱华镇组织开展"红色文化"主题宣讲活动,构建了组织共建、资源共享、机制衔接、功能优化的城市基层党建工作新格局;漫湾镇白莺山村利用茶树资源优势,构建"党支部+协会+研究院+茶企+农户"产业发展模式,建成全国

首家茶树演化自然博物馆。

沧源佤族自治县迅速成立工作领导小组，及时制定实施方案，召开全县"万名干部规划家乡行动"动员大会及培训会，明确工作人员负责统筹、协调、督办，确保工作层层落实。各村积极组织回乡干部、村民召开规划会议和认真开展村庄现场规划活动，一起摸家底、理清单、定规划，建立微信群，时时反馈情况、提出想法、讨论研究、解答疑惑，切实提高规划的科学性、实践性和可操作性。其中，芒阳村按照"让居民望得见山、看得见水、记得住乡愁"的发展思路，围绕"生态、民俗、农耕、乡愁"的乡村旅游发展思路，全力推进生态宜居，美丽乡村建设，被评为特色乡村旅游示范点（图4.18、图4.19）。

图4.18 沧源佤族自治县岩帅镇岩帅村村民举手表决通过规划

图4.19 沧源佤族自治县规划小组实地考察

临沧市"万名干部规划家乡行动"扎实推进，着力打造一批高质量的村庄规划，形成示范带动，贺岭村便是其中的典型案例。

贺岭村是沧源佤族自治县糯良乡下辖的佤族村寨，与缅甸接壤，森林覆盖率达69.74%，粮食以水稻、玉米、旱谷、杂粮为主，产业以茶叶和核桃的种植及加工为主。然而，基础设施建设滞后以及销售渠道不畅，致使良好的资源优势并未转化为经济效益，大片的茶地一度荒在山上。为积极响应临沧市"万名干部规划家乡"行动，贺岭村在外工作的公职人员纷纷返乡，为家乡建设出谋划策。贺岭村名山秀水、文物古迹等旅游资源条件良好，产业发展空间大。农户依山而居，因地就势，错落有致，呈带状布局。结合区位条件和资源条件，规划小组将贺岭村规划定位为"集聚提升旅游特色型"，将村庄品牌定位为"阿佤农耕部落"。通过对道路交通、人畜饮水、排水工程、停车场、环卫设施、亮化工程、绿化美化等方面的规划实施，贺岭村在生态保护与绿色发展中找平衡点，走出了一条可持续发展之路（图4.20~图4.23）。

企业带动茶叶支柱产业发展。贺岭茶叶种植历史悠久，品质良好，优秀的天然资源为贺岭吸引了外部茶企的入驻。2019年，沧源佤族自治县有关部门引进云南沧源佤山茶厂有限公司，在贺岭村建成了一条年产1600万吨的CTC[1]红碎茶生产线，以"茶叶+扶贫+市场"为抓手，为贺岭村带来机械化管理。夏秋茶利用率明显提高，茶农收入逐步增加。通过村茶叶合作社推广茶叶管护农业机械化技术，实现机械采摘鲜叶，提高工作效率，从手工采变成机械采，产量也从原来的每天50~60斤，提升到每天300~400斤，茶叶收购价格从每亩500元升至每亩1000元。贺岭村共390户村民，户均茶叶种植面积

---
[1] CTC是英文crash（压碎）、tear（撕裂）、curl（揉卷）的简写。

（a）

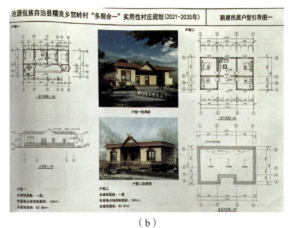
（b）

图4.20　沧源佤族自治县糯良乡贺岭村"多规合一"实用性村庄规划（2021—2035年）

　　贺岭村村支书田开兰介绍到，村民们在"万名干部规划家乡"行动中都实实在在地受益了。村里建成了"产业路"，完成了路面硬化建设，污水治理已经覆盖到5个自然村，全村实现了人畜分离，现在的居住环境空气清新、庭院整洁，现在每家每户都要种植小菜园，村庄绿化和美化同时进行。爱德基金会为每个村民小组提供2个大型垃圾桶，现在全村共有22个，村里的生活垃圾统一收集运输至糯良乡垃圾处理厂进行处理。我们特别感谢贺岭村"万名干部规划家乡"行动的总牵头人李洪林，如果不是他当初尽心尽力的工作，就不会有贺岭村今天的村容村貌。

图4.21　田开兰介绍"万名干部规划家乡"行动

图4.22　糯良乡贺岭村斗东自然村巴饶克农耕文体验展演活动现场

图4.23　糯良乡贺岭村村支书为村民讲历史讲政策

约10亩，茶农收入明显提高。2022年贺岭村茶叶产量800吨，产值1600万元。

临沧市"万名干部规划家乡行动"巩固拓展脱贫攻坚成果，持续推进乡村振兴，为社会主义新农村建设可持续发展提供了成功经验和模式。从基层治理的角度探索创新规划编制方案，改变以往自上而下的编制方式，充分发挥基层的主动性、积极性和创造性，坚持自下而上、上下结合，因地制宜、科学谋划，突出区域特色、资源优势，切实作好村民自己的规划。

参考资料

[1] 高秀秀,张晓彤,何正.城镇和人类住区议题的演进与实践:SDG11的形成背景及执行进展[J].中国人口·资源与环境,2021,31(11):144-154.

[2] 王单爽.云南边境地区政府政策创新研究——以临沧市"万名干部规划家乡行动"为例[D].昆明:云南师范大学,2020.

[3] 余昊东,张霞,刘超.扎实开展"万名干部规划家乡行动"努力建设美丽临沧[J].社会主义论坛,2019(5):64.

[4] 李伯华,曾菊新,胡娟.乡村人居环境研究进展与展望[J].地理与地理信息科学,2008(5):70-74.

[5] 云南网.临沧"万名干部规划家乡行动":我为家乡"写"乡愁[EB/OL].[2023-06-28]. https://yn.yunnan.cn/system/2019/03/29/030240188.shtml.

[6] 临沧市人民政府."万名干部规划家乡行动":绘就乡村振兴蓝图[EB/OL].[2023-06-28]. http://www.lincang.gov.cn/info/1026/2128.htm.

[7] 临沧市人民政府.全市"万名干部规划家乡行动"加快美丽乡村建设[EB/OL].[2023-06-28]. http://www.lincang.gov.cn/info/1026/2334.htm.

[8] 临沧市农业农村局.2021年佤山茶厂CTC红碎茶生产线带动成效显著[EB/OL].[2023-06-28]. http://www.lincang.gov.cn/info/1410/27024.htm.

4.3 乡村振兴理事会激活群众内生动力，促进共同富裕
——凤庆县二道河乡村旅游发展模式

　　针对旅游发展基础薄弱，产业发展动力不足等现实问题，临沧市凤庆县二道河村组建自然村乡村振兴理事会，将全村47户农户组织起来，立足旅游资源优势，组织村民建机制、兴产业，实现了乡村旅游全链条发展。所有农户都有参与、有业态、有收益，产生了参与乡村发展的积极性，蹚出了一条巩固脱贫攻坚成果，迈向共同富裕的新路子，为SDG1（无贫穷）、SDG8（体面工作和经济增长）、SDG11（可持续城市和社区）等可持续发展目标的落实提供了经验。

实现以旅游业开发促进乡村的可持续发展一直都是国际社会关注的重要问题，关系到实现农业、经济、自然环境、住区建设等多方面，与之对应的SDG目标包括SDG1.a[1]、SDG1.b[2]、SDG8.2[3]以及SDG11.a[4]等。

乡村旅游是生态旅游与农业旅游结合而演化出来的一种新型旅游方式。旅游者选择包含自然生态和人文生态的旅游方式，是对大自然和先祖生活方式的双重回归；而乡村想发展好乡村旅游，就需打造好农家院落、建设好乡村道路，这些又与村民的切身利益息息相关。

为贯彻国家鼓励发展乡村旅游的政策，云南省政府于2019年2月正式发布《云南省乡村振兴战略规划（2018—2022年）》，指出需要从"少数民族特色村镇""乡村特色文化产业示范""乡村传统工艺振兴"等方面着手，通过对传统村落、整体风貌、生产生活等保护与展示，呈现乡村文明发展。2022年5月，省政府发布《云南省"十四五"文化和旅游发展规划》（以下简称"规划"），肯定了"十三五"期间云南省乡村旅游带动脱贫的成效明显，也就"十四五"的发展作了重要部署。规划指出："积极推动'农文旅'融合，大力发展以农业旅游园区、休闲农庄、乡村民宿、森林人家等为主的乡村旅游新产品，带动乡村一二三产业融合发展，巩固拓展脱贫攻坚成果，助力乡村振兴发展。"

临沧市结合自身生态及民族文化资源，2018年5月《中共临沧市委、临沧市人民政府关于贯彻乡村振兴战略的实施方案》中提出"推进乡村旅游健康发展"，进一步提出打造民族特色旅游村、休闲营地、特色小镇、金牌农家乐等旅游地，设立"到2020年预计建成旅游特色村15个"的发展目标。2019年，凤庆县委召开常委（扩大）会议中，将"坚定不移推进乡村旅游发展"列为重要工作内容，重点建设以创意农业、农耕体验为重点的乡村旅游。

凤庆县二道河村因两条河穿村而过得名，是一个以苗族为主的传统村落，距县城7公里，有农户47户205人，设自然村党支部，传统产业主要有核桃、茶叶等。村寨依山傍水，资源丰富，生态良好，气候宜人，具有发展乡村旅游的独特条件。二道河村虽然具备独特的旅游条件，但因其旅游发展基础薄弱，资源家底摸不清，对外交通基础设施和公共配套设施缺乏，严重影响乡村旅游的发展。

针对上述问题，二道河组建自然村乡村振兴理事会，立足旅游资源优势，组织村民建机制、兴产业，实现了乡村旅游全链条发展，形成所有农户都有参与、有业态、有收益，迈向共同富裕的新路子。

二道河自然村乡村振兴理事会（以下简称乡村振兴理事会）由村中退休干部教师、退伍军人、党小组长、村民小组长、返乡大学生等在村中具有较高威信的村民组成，是在村党组织领导

---

[1] SDG1.a：确保从各种来源，包括通过加强发展合作充分调集资源，为发展中国家、特别是最不发达国家提供充足、可预见的手段以执行相关的政策，消除一切形式的贫困。

[2] SDG1.b：根据惠及贫困人口和顾及性别平等问题的发展战略，在国家、区域和国际层面制定合理的政策框架，支持加快对消贫行动的投资。

[3] SDG8.2：通过多样化经营、技术升级和创新，包括重点发展高附加值和劳动密集型行业，实现更高水平的经济生产力。

[4] SDG11.a：通过加强国家和区域发展规划，支持在城市、近郊和农村地区之间建立积极的经济、社会和环境联系。

下，自我服务、自我管理、自我监督的一个群众组织。相较于村党组织等上级组织，乡村振兴理事会与村民联系更紧密、更了解村中实际情况、职能更为细致、推行措施更容易被村民所接受，在建设乡村旅游、推动乡村振兴中起到了独到的作用（图4.24）。

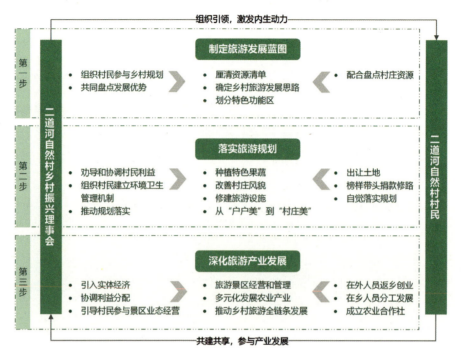

图4.24　二道河自然村乡村振兴理事会组织村民发展乡村旅游业示意

乡村振兴理事会组织村民共同盘点村情民意、产业状况、风土人情、自然资源、区位优势等，共同规划乡村旅游发展蓝图，激发村民内动力。

2019年，临沧市开展"万名干部规划家乡行动"，按照"自己的家乡自己规划，自己的规划自己来做"的思路，村党组织向本地在外干部发出了回乡规划家乡倡议书。一批能依靠、可信赖、组织能力强的干部积极响应了号召。在乡村振兴理事会的组织下，干部和村民围绕"有什么、缺什么、靠什么、干什么"，带领群众对村情民意、产业状况、风土人情、自然资源、区位优势等进行全面盘点分析，在厘清"人的清单、物的清单、问题清单、工作清单"4张清单基础上，确定休闲避暑、农事体验、亲近自然、乡野美食为主要特点的乡村旅游发展思路，以"吃、住、行、游、购、娱、网、厕"8大要素保障编制规划，规划了"餐饮服务、生态种植、生态养殖、民宿体验、星空露营、户外运动、文化体验、禅修养生"八个功能区，形成一个充满乡愁乡韵、能够落地实施的规划蓝图。规划形成后，党组织又召集全体村民召开大会，充分听取意见建议，提升了村民对规划的参与度，做到了因地制宜（图4.25）。

乡村振兴理事会组织村民积极推进规划成果转化，带领村民积极参与产业发展、业态经营、景区管理及形象塑造，不断激发村民的内生动力。

二道河村被列入全县21个自然村巩固提升改造建设点之一，先后整合沪滇协作、交通、民

图4.25 二道河村乡村振兴理事会议

宗、环保、农业等项目资金2000多万元，修通了二道河村到县城的公路，修建了旅游栈道、游乐设施、观光景点、活动场所、餐饮服务区，提升改造了村民的房屋和卫生环境。

改造过程中遇到了部分村民的土地占用问题：祖祖辈辈靠田地生活的老百姓不愿意拿出来做公共基础设施用地。为了解决这些问题，乡村振兴理事会成员耐心地为这些村民做思想工作，最终得到了全部村民的认同。村民杨为波带头把自家的土地让出来做公共基础设施建设，不但为村民作了榜样，还为村民算了一笔"舍得账"："让出去一小部分土地，最终所有财产还是属于集体财产，谁也带不走"。

公路修通后，从县城15分钟就可以到达二道河村。建设过程中，84岁老党员杨学志带头捐款4000元支持村庄道路建设。在老党员示范带动下，村民不计个人得失，将沿路沿线的田边地角无偿提供出来建基础设施，并投工投劳2800多人次。村民还自觉落实村里规划，在自家田院种植冬桃、蜂糖李、树头菜等特色果蔬。

乡村振兴理事会组织村民建立户卫生日保洁、公共卫生周清扫、业态管理月评比"三个一"日常积分管理机制，建立"红名单""黑名单"对村民环境卫生情况进行公示、奖惩等，激励全体村民积极主动做好民居风貌改善、庭院美化等工作，实现景区内基础设施有人维护、卫生定期保洁、文明劝导人人参与，"户户美"逐步变为"村庄美"（图4.26~图4.28）。

图4.26 景区内道路

图4.27 二道河村生态茶园

图4.28 二道河村人居环境整治红黑榜

乡村振兴理事会组织村民引进实体经济，形成横向互补合作机制，助推农业产业多元化发展。

村党组织进一步盘活资源，通过打包村集体闲置资源资产入股经营的方式，引入旅游公司等经济实体各有侧重地从事养殖、游乐、民宿、餐饮，形成横向互补合作机制，带动乡村旅游发展。引入的公司按照景区整体规划结合自身专长，分别从事养殖、游乐、民宿、文化、餐饮等发展优势项目，公司之间加强沟通协调、互为补充，建立利益联结机制，杜绝项目产品同质化。旅游公司立足二道河景区实际，以农旅融合发展为突破口，重修水磨房、水碓房、水拉揉捻机、豆腐坊、酿酒坊等传统工艺作坊，带动农户增收致富。养殖公司进驻后，着力从生态有机入手，动员农户科学养殖土鸡、生态猪等，公司负责回收销售，已带动103户农户发展养殖业，户均增收2000多元。

此外，乡村振兴理事会还组织村民成立核桃、茶叶、生态养殖等专业合作社，按照"村党组织+合作社+基地+农户"的合作模式，由合作社制定标准，组织农户分工生产，统筹调度产品销售。在县城开办了二道河生态产品专卖店，与超市签订"农超对接"协议，设立生态蔬菜专柜，开展生态蔬菜、生态猪肉和土鸡配送，形成了"产—供—销"一体的闭合产业链条。花卉种植合作社为村民提供茶花、重楼等苗木，村民按种植标准发展庭院经济，在美化庭院同时增加了村民收入。在合作社引领下，自然村750亩核桃实现了按订单需求分批下树供应，1100亩茶园实现了绿色有机转换，乡野二道河生态有机农产品深受消费者欢迎，村集体经济实现年经营性收入20万元以上。合作社还结合乡村旅游消费需求，见缝插针种植了冬桃、红柿、樱桃、重楼、茶花等小区域特色产业，发展起土鸡、山羊、香猪等生态养殖业，全村18户从事特色种植，24户从事生态养殖，在实现"产、景"相融的同时，推动农业产业多元化发展。

乡村振兴理事会引导村民根据自身优势，积极参与景区业态经营，开办实体，吸引人员返乡创业，开拓市场。

村党组织以农旅融合发展为突破口，把传统手艺人组织起来，重修水磨房、水碾子房、豆腐坊、酿酒坊、榨油坊等传统工艺作坊，引导农户根据各自资源、技艺特长、发展意愿等进行科学定业、分工发展，积极参与到景区业态经营中，10户农户相继开办了特色餐饮店、7户农户经营乡野超市，2户农户开办了豆腐坊，1户农户经营传统榨油坊，1户农户经营茶工坊，2户农户重操传统酿酒技艺，大批村民开上观光车，做起"土导游"，当起"大掌柜"，成为经营"艺术"的新型农民，68人实现在景区就近务工。传统手工作坊的涌现，使得乡愁乡韵触手可及，让游客流连忘返。长年在深圳务工的村民茶相华，得知家乡发展旅游的消息之后，毅然返乡创业，开起了农家乐，月均增收2000元以上（图4.29~图4.31）。

二道河村通过吃、住、行、游、购、娱等乡村旅游全链条发展，实现了所有农户都有参与、都有业态、都有收益，还带动了周边村寨600多户2500多人参与乡村产业发展，促进共同富裕。

二道河景区坚持以"农耕文化为魂、自然山水为韵、村落民宅为形、生态农业为基"的规划建设总基调，因地制宜发展菜园、茶园、果园、花园、药园。通过二道河全链条的乡村旅游建设，村民既可以在旅游旺季获得务工收入，也可

图4.29　村民从事茶叶加工、开观光车　　　　图4.30　村民经营手工豆腐坊、小吃店

以在旅游淡季自己经营茶、果、菜等产品营收，实现了一年四季收入不断、各产业互相促进的可持续发展格局。

当地群众通过发展蔬菜、水果、花卉、中药材、特色餐饮、各类小微作坊和就地务工、土地入股、资产分红，实现户均增收3000元以上，并带动周边600多户2500多人增收。村集体通过资源、资产打包与公司合作，实现村集体经济年收入7万元以上。2022年，二道河村共接待游客8.3万人次，实现旅游收入72万多元，在乡村旅游产业上户均增收8000元以上，农村居民人均可支配收入达19175元（图4.32、图4.33）。

乡村旅游作为乡村振兴实现共同富裕的重要措施。目前，各地的乡村旅游项目普遍存在投资与经营规模小，地区分布与组织形式散、项目低水平重复设置，活动项目形式单一，环境卫生面貌亟待改善，接待设施城市化等问题。激活调动村民的内生动力，是解决上述问题的重要办法。凤庆县二道河村立足资源优势，做好"农旅融合"文章，创新开发"乡村振兴理事会激发乡村旅游"新模式，通过乡村振兴理事会把村民组织起来共同发展乡村旅游业，农户全部与景区建立起利益联结，实现了民主管理、共建共享、群众受益，将二道河景区打造成乡村旅游新名片和乡村振兴新样板。为中国落实多项可持续发展目标（SDG1、SDG8、SDG11）提供了实践经验。

二道河村村民罗翠菊说道:"村里发展旅游以后,茶叶变得更好卖了。我家种的是原生态茶叶,都不打农药,卖价也比之前高了。茶叶闲的时候一采就可以,不用背出村外去卖,村里的初制所就能收购和加工。除了种茶、种核桃之外,还可以给村里的旅游业做集体劳动,也能增加收入。"

图4.31　罗翠菊在自家茶园接受采访

图4.32　二道河村中的游客

图4.33　二道河村旅游环境

参考资料

[1] 张延龙. 乡村振兴促乡村可持续发展的德国经验[N]. 中国社会科学报，2022-04-06(003). DOI：10.28131/n.cnki.ncshk.2022.001316.

[2] 张圆刚，季磊磊，郭英之，等. 国内经济大循环与乡村旅游的适配性：内涵与研究框架[J]. 人文地理，2023，38(1)：28-35. DOI：10.13959/j.issn.1003-2398.2023.01.004.

[3] 周玲强，黄祖辉. 我国乡村旅游可持续发展问题与对策研究[J]. 经济地理，2004，24(4)：5.

[4] 发展乡村旅游 促进共同富裕[EB/OL]. [2023-03-25]. http：//www.nrra.gov.cn/art/2022/5/18/art_4317_195197.html.

第5篇　保障改善民生福祉

以人民日益增长的美好生活需要为出发点,以实现人的全面发展为目标,切实保障人民群众利益,让可持续发展的成果惠及全体人民。

——《云南省临沧市可持续发展规划（2018—2030年）》

5.1 整合优化医疗资源,实现县乡村服务一体化
——云县紧密型县域医疗卫生共同体建设

　　临沧市云县针对边疆民族欠发达地区医疗资源分布不均衡、基层医疗卫生服务能力不足、群众看病就医难等问题,以医疗共同体总医院为核心,将医保基金等各类资源打包支付给医疗共同体自行管理,"以居民健康为中心"重塑医疗卫生服务体系,激发广大医务工作者的积极性,着力提升基层医疗机构服务水平。云县以实施县域紧密型医疗卫生共同体建设为平台,在实践中探索形成了"云县模式",将更优质的医疗服务下沉到各个县、乡、村,基本解决了长期以来困扰农村医疗卫生的问题,在全县范围内提升了医疗和居民健康水平,促进了SDG3(良好健康与福祉)、SDG1(无贫穷)、SDG10(减少不平等)等可持续发展目标的落实。

　　人类社会一直在努力提升卫生条件和健康水平。1978年,国际初级卫生保健大会签署了《阿拉木图宣言》(Almaty Declaration),号召国家及国际间以迅速而有效的行动,在世界范围内特别是在发展中国家中,开展、贯彻执行初级卫生保健。2005年5月,第58届世界卫生

大会通过了《国际卫生条例（2005）》，要求各缔约国应当发展、加强和保持其快速有效应对国际关注的突发公共卫生事件的应急核心能力。2016年，世界卫生组织发表了《卫生人力资源全球战略：卫生人力2030》，指出要进行"充分投资加强卫生体系并在国家、区域和全球层面实施有效政策，确保卫生人力的可获得性、可及性、可接受性和质量，从而改善健康和社会经济发展结果"。

联合国《2030年可持续发展议程》对于健康有着明确的要求。其中，SDG3指出，"确保健康的生活方式，促进各年龄段所有人的福祉对可持续发展至关重要"。在子目标中，SDG3.4指出"到2030年，通过预防、治疗和促进身心健康，将非传染性疾病导致的过早死亡减少三分之一"，SDG3.8要求"实现全民健康保障，包括提供金融风险保护，人人享有优质的基本保健服务，人人获得安全、有效、优质和负担得起的基本药品和疫苗"，SDG3.c要求"大幅加强发展中国家，尤其是最不发达国家和小岛屿发展中国家的卫生筹资，增加其卫生工作者的招聘、培养、培训和留用"，SDG3.d要求"加强各国，特别是发展中国家早期预警、减少风险，以及管理国家和全球健康风险的能力。"更好的卫生服务条件与制度，也有益于进一步推动消除贫困和减少国家内部的不平等。

2019年以来，新型冠状病毒肺炎对世界各国的医疗体系都产生了不同程度的冲击。许多国家都出现了不同程度的医疗资源紧张的情况。为了更好地应对疾病及未来其他卫生危机的冲击，世界各国都需要结合国情，制定合适的方针和框架，以推动医疗体系，尤其是基层医疗体系更好地发展。

在中国，随着人均寿命的延长、老龄化的加快和人群疾病谱的改变，居民对卫生服务的需求不断增加。目前，在中国的医疗卫生服务体系中，各层级和各类型的医疗机构的功能定位存在不明确的情况，不同级别的医疗机构分属于不同行政部门的管理体制，并且机构之间出现无序竞争等问题，导致了服务体系出现了分层断裂、服务碎片化等现象。针对这些国情，中国整合医疗卫生服务体系，包括医疗和公共卫生机构的整合以及医疗机构间的整合，从而整体提高医疗系统的能力，满足居民对健康的需求。

中国自改革开放以来，始终在推进医疗政策的改革，整合医疗机构，让人民获得更好的卫生和健康条件。包括医共体在内的医疗联合体是我国在医疗资源分布和患者需求不平衡不充分的背景下，推行医疗改革的重要举措。国家层面持续开展了医疗联合体从试点到推广的调研、探索与完善。

医疗联合体概念是在"十二五"规划实施中提出，包括城市医疗集团、县域医疗共同体（以下简称医共体）等组织形式。2017年，《国务院办公厅关于推进医疗联合体建设和发展的指导意见》将医联体建设正式上升为一项国家层面的政策，指出开展医疗联合体是深化医改的重要步骤和制度创新，有利于调整优化医疗资源结构布局，促进医疗卫生工作重心下移和资源下沉，提升基层服务能力，有利于医疗资源上下贯通，提升医疗服务体系整体效能，更好实施分级诊疗和满足群众健康需求。2020年，卫生健康委和中医药管理局印发《医疗联合体管理办法（试行）》，在充分总结各地医疗联合体建设试点工作经验基础上，加快推进医疗联合体建设，逐步实现医疗联合体网格化布局管理。2023年中央一号文件《关于做好2023年全面推进乡村振兴重点工作的意见》中，再次指出要"推进医疗卫生资源县域统筹，加强乡村两级医疗卫生、医疗保障服务能力建设"、发展"紧密型医疗卫生共同体"。

云南省充分重视医疗联合体建设，切实增强基层医疗卫生服务能力，满足人民健康需求。2017年结合国务院同期政策，云南省发布了《云南省人民政府办公厅关于推进医疗联合体建设和发展的实施意见》，对医疗联合体的建设、分工、保障等进行了具体部署。医共体层面上，2019年12月，卫健委等五部门印发《关于做好紧密型县域医疗卫生共同体建设试点工作的通知》，正式启动紧密型县域医共体试点工作。2022年，云南省医改领导小组印发《关于全面推进紧密型县域医共体建设的实施意见》，明确到2022年底，全省不低于90%的县（市、区）建成管理、服务、责任、利益"四位一体"的紧密型县域医共体，从工作推进、外部治理、内部管理、能力提升和考核评价等方面明确了10项具体任务。

临沧市云县位于中国的西南边陲，是云南省的边疆、多民族、山区和贫困地区之一。云县总面积为3760平方公里，辖12个乡镇，总人口达46.6万人，主要居民为彝族等22个少数民族。长期以来，云县在医疗服务体系不完善、卫生防疫保健职能弱化、农民看病难、农村药品质量无法保障等方面存在着诸多问题，导致了农民因病致贫、因病返贫现象的不同程度存在。因此，在医疗资源有限的情况下，如何结合自身情况通过推进医共体建设，提升医疗质量与人民健康水平，是云县在努力解决的问题。

针对医疗卫生服务面临的资金、信息、人员等方面的问题，云县在实践中探索出了紧密型县域医共体的"云县模式"，为优质医疗资源下沉到基层提供了新机制、新路径、新方法。

云县模式围绕一个统领机制（医共体管理委员会）、一个考核体系（分级分类同质化考核）、一套信息网络支撑系统、三医联动（医疗、医保、医药协同改革）、三级一体（基本医疗、公共卫生服务等实现县、乡、村同质化管理）、四个打包（人员编制、人员财政补助经费、公共卫生资金、医保基金）、六个统一（人、财、物、行政、业务、绩效统一管理）展开，明显提升了县域卫生服务能力（图5.1）。

云县成立医共体总医院作为管理组织，推动

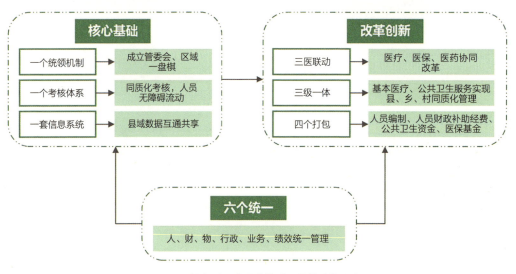

图5.1 紧密型县域医共体"云县模式"示意

同质化考核，建立信息化平台，为通过医共体建设提升居民健康水平打下了坚实的基础。

建立医共体总医院，实现县域统一管理。以云县人民医院为依托组建的医共体总医院管理委员会，是医共体建设的核心，负责加强协调、统筹规划、投入保障、人事安排、考核监管等重大事项。云县以县区为单位，将区域内县（区）级公立医院、疾控中心、妇幼保健院、乡（镇）卫生院、村卫生室组合为一个紧密型县域医共体；此外，鼓励民营医院参与医共体建设，推动资源共享、信息互通、功能互补，充分发挥其发展潜力和作用。通过医共体管理委员会的机制重塑和体制重建，区域内的医疗资源得以整合，形成了全面的责任、管理、服务、利益共享的体系，为将医疗服务落实到全县打下了坚实的基础。

实行同质化考核，提升医务人员动力。为了激发广大医务人员的积极性，优化收入分配模式，医共体总医院成立了医疗质量与安全管理中心，负责对医共体各成员单位的医疗质量与安全进行分级分类同质化考核，通过将考核结果与绩效挂钩，充分激发广大医务工作者的主观能动性。将收入分配向公共卫生一线、高风险科室、边远乡（镇）卫生院倾斜，进一步增强医务人员立足岗位、干事创业的信心和决心。

推进信息化平台搭建，建立"智慧医共体"。云县在医共体建设的实践过程中，将信息化平台的搭建贯穿始终。居民可以使用"健康云州"微信小程序，进行在线问诊、预约挂号、住院服务、医保使用等多项业务，极大地提升了就医便捷性。在医生端，云县所有卫生机构拥有统一的信息共享中心，医务人员可以通过电子病历、电子医嘱、双向转诊、远程会诊等多项业务提升为患者提供医疗服务的效率。例如，电子病历系统中，详细地记录了患者在云县各医院就医的症状、诊断、检查指标等信息，便利患者就医的同时避免了资源浪费。信息化平台覆盖到了村医等最为基层的医务工作者，他们可以便捷地为患者购置标准化的药物，并向上级医院反馈患者情况、请求上级医院帮助。2020年，"云县模式"紧密型医共体卫生与健康信息服务平台建设及应用项目获云南省科学技术进步二等奖（图5.2、图5.3）。

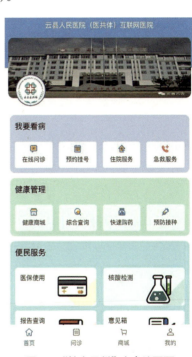

图5.2 "健康云州"客户端页面

图5.3 云县医共体信息平台

云县在医共体建设模式的基础上，进一步推动医疗、医保、医药联动，实施县、乡、村医疗卫生服务一体化，将医保基金等各类资源交付医共体进行管理，全面提高了卫生服务质量。

"三医联动"统筹管理卫生机构，提升医疗改革效率。在云县医共体的管理体制下，云县推动了医疗、医保、医药改革的信息互通、高效联动和协同推进。例如，医药方面，医共体对医药统一进行采购、监管、流通，并借助信息平台，将覆盖面推广到了村一级，提升了基层医疗服务质量；医保方面，在医共体支持下，全民医保体系、医保支付方式等机制得到了健全，在方便民众就医、为民众节省医药费等方面作出了贡献。

"三级一体"整合医疗资源，提高卫生服务质量。云县通过实施县、乡、村医疗卫生服务一体化，"三级一体"式管理、建设、运营，推动医疗卫生工作重心下移、医疗卫生资源下沉，实现城乡基本公共服务均等化与协调发展。通过县级医疗机构科室业务直管乡（镇）卫生院对应科室、县级技术人员和管理骨干频繁下乡进行手术、管理、科室建设等方面的支持与帮助等方式，云县推动了基本医疗、公共卫生服务等实现县乡同质化管理，提升了乡村两级医疗服务能力，缓解了技术、人才、患者等方面的虹吸效应，实现医共体医疗机构从县级强到县域强。

"四个打包"合理分配资源，改变医疗机构服务方式。为了更好地激发医共体中医疗机构的主观能动性，推进医疗水平的提升，云县实施全面放权授权，将人员编制、人员财政补助经费、公共卫生资金、医保基金四类资源全部打包交付给医共体，实行"以医管医"。

医保基金打包是"四个打包"中的核心，撬动了医疗模式与医患关系的改变。云县的社保资金，除少部分其他部门所需资金之外，被全面下放给医共体总医院管辖的医疗体系中，医共体在此基础上自负盈亏，并可以将结余资金用于机构、人员、设备等方面的建设。这种资金管理方式，促使医疗机构更加注重患者的整体健康水平，真正努力做到患者少花钱、少生病。

在医共体建设的基础上，云县以居民健康为中心，全面重塑医疗卫生体系，从"医共体"向"健共体"转变。

云县从单纯的疾病治疗，转向以"疾病预防、慢性病管理"为主的供给模式，注重健康宣教、疾病预防、慢病管理、健康管理等健康促进服务，推动医防融合。云县成立了健康促进与管理服务中心，通过将医疗资源、公卫资源整合到该中心，建立健康管理、预防接种、慢性病规范化门诊等一站式服务；利用公共卫生资金促进医防融合、医养结合，推动医患关系由一次性医疗服务向连续稳定的康、养、医、护服务转变；向公众开展健康教育，倡导健康生活，推广医康技能，提高居民个体健康管理意识和能力，提升了县域内居民的健康水平和健康资本（图5.4）。

图5.4 云县健康促进中心科普基地

在医共体管理模式下，基层医疗机构的服务能力得到了明显提升。云县茂兰镇距县城25公里，常住人口33938人，下辖15个村卫生室。茂兰中心卫生院属医共体片区卫生院，自落实医共体模式以来，该卫生院的诊疗能力实现了明显提升。在医共体的协助下，自2018年以来，远程、心电、影像、检验中心相继落成，2022年引进了CT机，实现了从硬件到软件实力的全面提升。开展的1、2级手术由2019年的145台增加至2022年的690台；3、4级手术由2019年的6台增加至2022年的25台。同时，茂兰中心卫生院抓住自身定位，依托信息化平台，加强上到县级、下到村级的信息联动，并强化慢性病规范管理体系，对慢性病进行确诊、推送、跟踪、随访、健康教育等，从县级接收回流慢性病患者，打造较高水平的基层医疗卫生机构（图5.5、图5.6）。

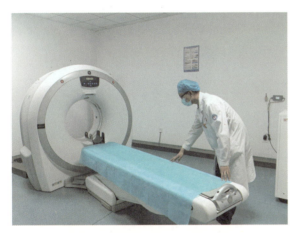

图5.5 茂兰中心卫生院中的CT机

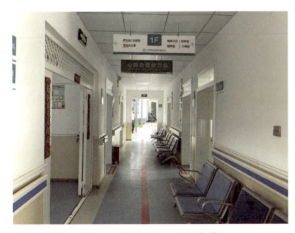

图5.6 茂兰中心卫生院内景

村级层面，茂兰镇安乐村卫生室于2017年建成，设有诊断室、治疗室、公共卫生室、药房4个科室。现有村医3名，均持有乡村医生资格证书。通过云县医改模式与发展，安乐村卫生室现已发展成为一所集全科医疗、预防保健、公共卫生于一体的标准化村卫生室，能够开展儿童预防接种、老年人体检、中医药服务、慢性病服务、妇幼儿童体检、孕产妇管理、精神病人管理、肺结核病人管理、基础医疗等服务，基本能满足辖区居民的卫生服务需求。辖区村民在家门口就能便捷地享受到乡、县两级的医疗资源，大大地提升了群众就医满意度，基本实现"小病不出村，常见病、多发病不出乡，大病不出县"的服务体系（图5.7、图5.8）。

通过紧密型医共体建设，县域医疗卫生服务能力明显提升，医保基金得到有效利用，居民医药费用负担合理控制，有序就医格局初步形成，取得了政府合意、医院愿意、医生乐意、群众满意的多方共赢效果。2016年以来，基层诊疗量占比由51.84%提高至65.20%，县域就诊率由86.7%提升至93.13%，两个核心指标均超过国家医改目标要求。乡村两级药占比从2013年的69.72%下降至2020年的39.36%；云县医保资金由2018年的超支，转变为2019年和2020年分别结余2466万元、1917万元；2020年，县医院为基层医疗机构开展远程会诊1415人次，同比增长86.3%；出具检查检验报告7.9万人次，同比增长88.53%，节省了患者就医外延费用负担。

作为可持续发展示范区建设典型经验案例的紧密型县域医共体建设"云县模式"，多次得到国家卫生部高度认可及肯定。2017年，云县被评为国家级30个公立医院综合改革示范县，获"全国卫生计生系统先进集体"称号；2020年，被列为全国改善医疗服务示范县。云县医共体建设被《中国卫生》杂志社推介为推进医改、服务百姓健康"十大新举措"之一。

云县紧密型医共体建设经验表明，在县域内医疗资源有限的情况下，利用医共体的形式对

茂兰中心卫生院副院长董祥飞说道:"落实医共体以来,茂兰中心卫生院每年都有新变化。每星期甚至每天都有上级医院的医生协助开展治疗,在乡镇医院就能把病看好。老百姓少花钱、少跑腿,真正节约了医疗资源。"

图5.7　茂兰中心卫生院副院长董祥飞接受采访

图5.8　云县县、乡医疗机构2013—2020年度综合药占比情况

县、乡、村资源进行整合,将与医疗有关的各个部门组织起来,使更多的优质医疗资源下沉,让更多居民享受到了医改的红利。同时,通过医保资金模式改革使医务人员向"以健康为中心"的观念转变,创新实施医防融合和慢病管理,可以有效提高居民的健康意识和健康水平。此外,云县紧密型医共体建设在健康扶贫、缩小城乡差异等方面也有所贡献,对临沧市整市推进紧密型县域医共体建设、为欠发达地区深化县域综合医改提供了可推广的宝贵经验。

参考资料

[1] 张亮,张研,唐文熙,等.健康整合——引领卫生系统变革[M].第1版.北京:科学出版社,2014.

[2] 梁思园,何莉,宋宿杭,等.我国医疗联合体发展和实践典型分析[J].中国卫生政策研究,2016,9(5):42-48.

[3] Ezekiel J Emanuel, Govind Persad, et al. Fair allocation of scarce medical resources in the time of Covid-19[J]. New England Journal of Medicine, 2020, 382(21): 2049-2055.

[4] Sun S., Xie Z., Yu K., et al. COVID-19 and healthcare system in China: challenges and progression for a sustainable future[J]. Globalization and Health, 2021, 17(1): 14.

[5] Yazan Nedal Alhalaseh, Hatem A Elshabrawy, et al. Allocation of the "already" limited medical resources amid the COVID-19 Pandemic, an iterative ethical encounter including suggested solutions from a real life encounter[J]. Frontiers in medicine, 2021(7): 616277.

5.2 推进教育资源共享和整合，促进城乡教育均衡发展
——永德县小学教育一体化办学经验

　　针对城乡教育不均衡、乡村地区教育发展薄弱等问题，临沧市永德县积极探索了"1+10+N"小学教育联盟办学的经验，并在此基础上进一步优化，全面推行小学教育一体化办学管理模式。该模式在县域内建立教师培养、管理互通、文化共建、教研共进等联动机制，以强带弱、优势互补，推进优质教育资源下沉，有效促进了县域内教育资源共享和整合，对于缩小城乡教育差距、提升全县小学办学质量具有促进作用，也有利于促进SDG4（优质教育）、SDG10（减少不平等）等可持续发展目标的落实。

　　推进教育公平是重要的全球议题，也是世界范围内面临的发展难题，改变教育不均衡发展的现状势在必行。联合国教科文组织于2019年、2020年和2021年发布的《全球教育检测报告》均明确指出，各国都存在教育不公平、不均衡发展的问题，问题出现的最关键原因在于教育资源

分配不均。教育资源分配的不均等会进一步拉大发达地区与贫困地区的教育差异,由于贫困地区对于教师的培训、福利优待远远不够,导致教师的教学能力不高,乡村教师人才流失严重,进一步制约乡村义务教育均衡发展。

教育是一项基本人权,教育公平分配有助于社会的长远发展,教育的进一步发展对人类至关重要。《2030年可持续发展议程》对于教育的公平性有着明确的要求,其中目标4(SDG4)指出"确保包容和公平的优质教育,让全民终身享有学习机会",SDG4.1指出"到2030年,确保所有男女童完成免费、公平和优质的中小学教育,并取得相关和有效的学习成果"。

义务教育均衡发展是中国着力推进义务教育公平而作出的重大决策,是继基本普及九年义务教育和基本扫除青壮年文盲之后的又一项重大教育民生政策。统筹推进城乡义务教育一体化改革发展,是我国深入义务教育均衡发展、促进基本公共教育均等化的重要举措,是缩小城乡教育差距、推进教育扶贫的现实需要,对于落实乡村振兴战略、建设教育强国具有重大而深远的意义。中国领导人多次强调要推进城乡义务教育一体化发展,缩小城乡教育资源差距,促进教育公平,切断贫困代际传递。

义务教育均衡发展始终与我国城乡一体化发展的进程同步,中国义务教育在实现全面普及的基础上,经历了从"基本均衡"转向"优质均衡"的发展历程。从义务教育均衡发展在政策中的不断深化,到县域义务教育优质均衡发展督导评估办法的形成,再到县域义务教育优质均衡创建工作的推进,义务教育优质均衡发展的内涵逐渐完善。

2010年1月,教育部印发《关于贯彻落实科学发展观进一步推进义务教育均衡发展的意见》,明确10年内实现区域内义务教育基本均衡。从2012年开始,中国坚定不移地把推进义务教育均衡发展和城乡一体化、重点保障农村义务教育设为政策优先事项。2013年,我国启动第一批义务教育发展基本均衡县(市、区)督导评估认定工作。为巩固先进地区取得的教育均衡发展的优秀成果以及进一步缩小城乡差距,2017年教育部印发的《县域义务教育优质均衡发展督导评估办法》明确了义务教育优质均衡发展的评估指标与内容。截至2020年底,中国96.8%的县通过了义务教育基本均衡评估认定,结果显示95%的县区已经达到了均衡发展目标,我国义务教育实现了基本均衡。

经过十余年的努力,我国推进义务教育均衡发展取得了显著成效,将进入全域优质均衡发展的新阶段。2019年2月,中共中央、国务院印发了《中国教育现代化2035》,对义务教育优质均衡发展作了长期规划,明确提出在实现县域内义务教育基本均衡基础上,进一步推进优质均衡;2021年11月,教育部办公厅印发了《关于开展县域义务教育优质均衡创建工作的通知》,皆为推进"到2035年全面实现义务教育优质均衡发展"奠定了政策基础。

各地根据实际开展了推进义务教育优质均衡发展的探索,积累了丰富的经验。为贯彻落实《国务院关于统筹推进县域内城乡义务教育一体化改革发展的若干意见》(国发〔2016〕40号)、《云南省人民政府关于统筹推进县域内城乡义务教育一体化改革发展的实施意见》(云政发〔2016〕116号)等文件精神,2017年8月,临沧市人民政府结合实际印发《关于统筹推进县域内城乡义务教育一体化改革发展的实施意见》提出,要通过学区化、集团化办学或学校联盟等方式均衡配置师资,加大对薄弱学校和乡村学校的扶持力度，提升薄弱学校办学水平。2017年11月，临沧市教育体育局组织成立了以临翔区凤翔小学为牵头学校，凤庆县第一完全小学、永德县城关完小、耿马自治县城关小学、沧源自治县国门小学共同参与的市级小学教育发展联盟，开展义务教育一体化改革的探索实践，也为联盟化办学机制奠定了基础。

云南省临沧市永德县位于中国的西南边陲，是一个汉、彝、佤、布朗、傣、拉祜、德昂等22个民族聚居的山区农业县。全县总面积3220平方公里，山区面积占总面积的95%以上。2022年年末全县常住人口32.56万人，城镇化率25.39%。作为国家重点扶持的原贫困县之一[1]，教育基础条件落后、师资队伍严重不足等诸多因素长期制约着永德县教育事业的发展。

为解决城乡教育发展不平衡的突出问题，推进城乡义务教育一体化发展，永德县教育体育局于2021年1月组建了永德县小学教育发展联盟，以永德县城关完小为领头羊，协同全县3个镇7个乡内100多所小学（"1+10+N"办学模式），在县域内学校建立校际间管理互通、研训联动、质量同进、文化共建、项目合作等工作联动机制。随着内涵的丰富，在此基础上进一步优化，永德县全面实行小学教育一体化管理模式。

永德县小学教育一体化联盟以促进教育均衡发展和品质提升为前提，由优势学校牵头，充分发挥领头学校示范辐射作用，以强带弱、平等互助、共享资源，推进优质教学资源下沉。校际间优势互补、紧密合作，促进薄弱学校发展能力提升，逐步缩小城乡教育差距，共促县域义务教育均衡、优质、可持续发展（图5.9~图5.11）。

永德县城关完小校长段子林表示，永德县义务教育的痛点和难点在于乡村，解决好乡村教育问题，才能实现教育均衡发展。组建小学教育联盟，旨在解决城乡教育发展差距大的问题，通过一体化的方式带动末梢学校，推动学校抱团发展。

图5.9 永德县城关完小校长段子林接受采访

---

[1] 2020年5月17日，永德县正式退出贫困县序列。来源：云南省扶贫开发领导小组办公室《关于昭阳等31个县市区退出贫困县序列的公示》。

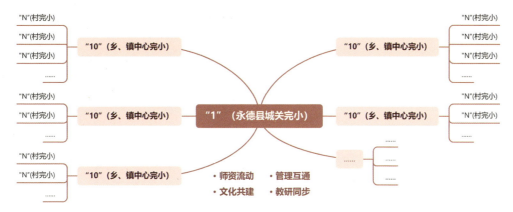

图5.10 永德县小学教育一体化联盟办学管理模式示意

图5.11 永德县城关完小

畅通交流学习途径,提升教师教学能力。

永德县小学一体化总学校城关完小充分发挥优质师资辐射引领作用,帮扶提升薄弱学校师资力量。永德县城关完小组建教师帮扶团队,定期深入各成员学校开展驻点蹲点工作,对教师教育教学管理能力、教师课堂水平进行评估,根据每个学校的地区差异制定切实可行帮扶预案;以点对点、点对面、互相学习交流的工作方式,充分发挥传授、帮扶、带动发展的作用,对教师进行专项辅导和个别指导,解决教师在教学中遇到的困惑。

推动城乡教师合理流动,实行教师跟岗学习制度,推进教师培养机制。乡镇小学每年选派教师到永德县城关完小进行跟岗学习。跟岗教师在一年的时间中参与教学现场培训,通过"亮相课""展示课""过关课"等环节,促使自身专业化水平不断提高。回到乡镇后,将优质教学理念和方法带回乡镇小学,推动乡村师资力量提升。

交流治校管理经验,整体提升办学质量。

聚焦小学办学质量和管理提升,一体化学校间定期举行校长论坛,集思广益共谋学校发展。领头学校充分发挥优秀校长示范引领作用,通过优秀管理经验分享、典型案例交流、校际专题指导等形式,力争提升校长治校管理水平。在论坛上,各学校校长聚焦方向深度思考,相互交流,介绍方法措施,破解学校教育重难点问题,共同探究学校高质量发展路径,形成校校优质发展总体格局。2022年,段子林校长分别在永德县城关完小、永康镇中心校、小勐统中心校、亚练乡中心校、乌木龙乡中心校、勐板乡中心校主持开展校长论坛活动共计6场次。乡镇学校也积极开展校际间学习交流活动,促进乡域、镇域内学校优势互补,推动办学质量的整体提升。

挖掘地域优势和特色,差异化发展校园文化。

各校园以文化建设为抓手,将立德树人融入思想道德教育、社会实践教育、文化知识教育各环节,以质量校园为主线,突出绿色校园、清廉学校等方面建设,推进校园文化建设协同发展。

永德县城关完小发挥领头学校样板示范作用，为各成员学校提供校园文化建设的参考样板和思考路径，通过"定点帮扶+现场指导"，充分挖掘农村教育生态优势和地域特色，采取因地制宜、挖掘内涵、突出特色的工作措施，以点带面，整体推进，推动全县各小学逐步形成具有区域特点、主题鲜明、形式多样的特色校园文化格局。

例如，永德县城关完小以爱国主义为德育文化的总基调，将中国传统文化融入德育教育中，通过校园环境的打造和经典共读、立志跑操和课间操等活动，引导和教育学生理解传统文化、传承国学，增强对中华文化的自信和民族自豪感。乌木龙彝族乡炭山完小以文化立校营造美丽书香校园，形成了"听得到花落，闻得到书香，看得到果实，记得住乡愁"的文化内涵。小勐统镇玉明珠完小带领学生从"三味书屋"走进"百草园"，将劳动实践作为德育的纽带，每年4月开展"采春茶"劳动教育主题活动，让学生体验采茶、制茶、揉茶、卖茶，帮助学生树立劳动价值观并感受当地茶文化。德党镇百年老校松林完小围绕"兰花香里道丰年，拾起书声一片"的文化内涵，通过兰之典雅、竹之气节、松之清韵的"绿美校园"环境营造，启迪学生们在朗朗书声中传承优良美德（图5.12、图5.13）。

图5.13　绿美校园 书香松林

共享优质教育资源，协同提升教学质量。

永德县城关完小充分发挥城区优质学校的资源优势，与各成员学校共享区域优质教学资源，深度突破乡村学校教学资源短缺的问题，为乡村振兴注入更多发展动能。县城关完小承担领头学校重任，研制优秀教辅资料，共享优质课程资源，优化"城帮乡、全覆盖"的结对共建机制。全县小学教学教研践行"五统一"管理模式，即教学计划统一、教学进度统一、教辅资料统一、质量监测统一、教学质量评价统一，推进城乡小学教育协同发展。

学校之间搭建交流互通平台，共筑教育命运共同体。全县定期举行小学教研交流活动，积极探讨、交流教学经验，助推乡村教育高质量发展。永德县城关完小组建优质教研团队，开展"送教下乡"活动，通过开展学科专题讲座、班主任工作管理交流、毕业班复习研讨等活动，全面促进教研活动精准化、实效化、片区化和校本化。2022年，永德县城关完小共组织"送教下乡"交流活动5场次，受益教师涉及10个乡镇中心校及辖区内所有小学（图5.14、图5.15）。

在一体化办学模式的引领下，乡镇小学积极融入联动发展环境，将优质教学资源和经验逐级传导，助推全县教育均衡发展。

图5.12　永德县城关完小的大课间操上，"少年强则国强……"和随后的"天地玄黄，宇宙洪荒……"响彻校园

图 5.14　2022 年 5 月 27 日，永德县教育体育系统组织了六年级复习备考活动，各中心校管理层及部分教师参与了培训

图 5.15　2022 年 10 月 17 日至 18 日，乌木龙中心校组织开展了"同课异构"教学研讨活动。全乡部分教师进行观摩学习、取长补短，中心校教研员及领导进行指导和主持活动

以永德县永康镇中心完小为例，学校以促进教育公平为前提，努力提升教育教学质量。永德县永康镇中心完小作为永德县"1+10+N"一体化办学模式"+10"的成员学校之一，牵头镇域内小学教育发展，也连接着一体化末梢的村级小学。在教育资源共享方面，通过教研活动和教研信息群，乡村学校也能得到最新的教育信息。教师在各个学科的教学进度群，可以共享备课信息，进行查缺补漏。在师资力量提升方面，2023 年永康镇选派了 10 名教师到永德县城关完小进行跟班学习，一年后将优质的资源和理念带回乡镇。此外，永康镇结合自身实际，每年从教师资源相对集中、教学条件较好的坝区学校选派骨干教师到山区学校进行支教，再一次将乡镇内教育资源进行均衡和整合，促进学校和教师联动发展。

永德县永康镇中心完小校长杨永强表示，学校教育团队一致认可一体化的办学模式，该模式对乡镇教育教学质量提升切实有效。通过一体化的办学模式，拉近了最偏远乡村小学和永德县城关完小的距离，所有的乡村小学都能享受到优质的教学资源（图 5.16、图 5.17）。

（a）　　　　　　　　（b）

图 5.16　永德县永康镇中心完小校园环境及开展的活动

（a）　　　　　　　　（b）

图 5.17　永德县永康镇中心完小音乐教室、美术教室

永德县小学一体化联盟畅通师资交流渠道，使得教师综合素质整体提升，城乡教师资源逐渐优化；积极开展治校管理经验交流，校长管理效能得以强化，办学质量不断提升；深入挖掘地域文化特色，各乡镇逐步打造出各具特色的校园文化；共享优质教育资源，共同研讨教学方法，教学质量得以整体提升。目前，全县小学一体化办学持续深化，各成员学校基本实现在管理联动、研训同步、资源共享、文化共建、优势互补、合作共进、互助成长等方面深度融合，呈现农村办

学质量明显改善，全县小学教育质量稳步提升的良好局面。2021—2022学年，在全市教育质量监测中，永德县小学教学质量位居八县区第三名，城关完小毕业班教学质量位居全市17所县（区）直属小学第一名，4个乡镇教学质量与2021年相比有较大提升，49所小学与2021年相比排名有所提升。

永德县对于促进城乡义务教育均衡发展的工作思路与《2030年可持续发展议程》中SDG4和SDG10涉及的优质教育与减少不平等等目标相契合，并且以实际行动展示了其可行性。永德县小学一体化办学的经验表明，通过对原有资源的均衡和整合，提高了优质教育资源的覆盖面，逐步缩小了城乡教育发展的差距。县域内小学在教师教学能力、办学管理效能、校园文化建设、乡村教育质量等方面取得了显著的成绩。优势学校通过"造血式"的指导和帮扶，使教师专业化水平有所提升，传递先进的办学和教学理念，为乡村小学教育注入了活力，对提升乡镇小学自身发展能力具有长远的意义，为促进教育公平、均衡、可持续发展探索出了一条可行的道路。

参考资料

[1] 李彩虹，许双成. 义务教育均衡发展的现实困境与改进策略[J].现代交际，2023，580（2）：106-112+124.

[2] 李娟. 21世纪以来：我国城乡义务教育均衡发展的动因、历史进程与基本经验[J]. 湖州师范学院学报，2022，44（9）：66-75.

[3] 杨阳，何歆怡，傅得臻，等. 互联网促进基础教育均衡发展的实践模式与机制保障[J]. 开放学习研究，2022，27（6）：1-9. DOI：10.19605/j.cnki.kfxxyj.2022.06.001.

[4] 张务农. 义务教育优质均衡发展评估指标体系构建现状审视及优化路径[J].当代教育科学，2023（1）：47-55.

[5] 精品凤小微信公众号.凤翔小学承办临沧市小学教育联盟首次教育教学研讨活动[EB/OL]. [2023-5-12]. https：//mp.weixin.qq.com/s/Wa5kpe0wCZhzoWM46Jg42w.

[6] 永德县城关完小微信公众号.提升整体意识 夯实抱团发展——永德县小学教育联盟活动侧记[EB/OL]. [2023-5-12]. https：//mp.weixin.qq.com/s/lSyMxLG06fkRPslafejjhw.

5.3 农村妇女技能提升和创业赋能
——临沧市乡村振兴巾帼行动

在实施乡村振兴的战略中，临沧市妇联将最广泛地把农村妇女动员起来、组织起来，把妇女对美好生活的向往转化为推动乡村振兴的动力，着重在农村产业发展、生态环境保护、乡风文明建设、农村弱势群体关爱等方面发挥独特作用，在农村广阔天地贡献巾帼新力量、彰显巾帼新风采。在提升农业发展质量和促进农民就业创业增收、大力发展高原特色现代农业、打好精准脱贫攻坚战、加快推进农业农村现代化等方面取得了骄人的成绩，为落实SDG1（无贫穷）、SDG4（优质教育）、SDG5（性别平等）和SDG8（体面工作和经济增长）的可持续发展目标提供了临沧实践。

"妇女贫困"是全人类共同的难题和全球性关注的焦点。《人类发展报告》（1995）明确指出，全世界13亿贫困人口中，妇女所占比例达70%，第四次世界妇女大会（1995）首次把"妇女与贫困"纳入国际社会特别是发展中国家反贫困重点关注领域和重要关注范围。2015年9月，联合国《2030年可持续发展议程》提出了17个发展目标（SDGs），将实现性别平等列为重要的发展目标（SDG5）。除此以外，"妇女与贫困"还涉及SDG1.b"根据惠及贫困人口和顾及性别平等问题的发展战略，在国家、区域和国际层面制定合理的政策框架，支持加快对消贫行动的投资"，SDG4.4"到2030年，大幅增加掌握就业、体面工作和创业所需相关技能，包括技术性和职业性技能的青年和成年人数"，SDG8.5"到2030年，所有男女，包括青年和残疾人实现充分和生产性就业，有体面工作，并做到同工同酬"。

2018年，我国提出实施乡村振兴战略，明确了"产业兴旺、生态宜居、乡风文明、治理有效、生活富裕"的目标。2021年开始的"十四五"规划中，确定我国经济社会发展主要目标是"脱贫攻坚成果巩固拓展，乡村振兴战略全面推进，全体人民共同富裕迈出坚实步伐"，而农村妇女在乡村振兴中占据重要地位，在实现"消除贫困、共同富裕"的目标中，将发挥重要作用。

乡村振兴战略需要广大农村妇女的贡献，也为妇女发展带来新的机遇。随着经济社会发展和男女平等基本国策的进一步落实，男女平等观念更加深入人心。在国家政策的引导下，大部分农村妇女意识到只有提高自身素质，掌握技术知识，才能在实现乡村振兴战略中发挥自身作用、实现自身价值。

早在2004年，全国妇联、农业部等7部委《关于加强农村妇女教育培训工作，促进农村妇女增收致富的意见》中表明，要积极为农村妇女教育培训工作提供政策支持和各类资源。2010年，《全国妇联关于做好农村妇女职业教育和技能培训工作的意见》中要求"地方各级教育行政部门和妇联组织要更新观念，整合资源，开展多层次，多渠道，多形式的农村妇女职业教育和技能培训，培养新型女农民。"2018年，全国妇联印发了《关于开展"乡村振兴巾帼行动"的实施意见》，指出"妇女是推动农业农村现代化的重要力量，是乡村振兴的享有者、受益者，更是推动者、建设者"。

云南省妇联积极响应国家号召，在2018年5月，在云南农业大学举办了"乡村振兴巾帼行动"启动仪式暨全省养殖女能手骨干培训班，将全省养殖技术标兵能手聚集一堂，共同探讨如何发挥能手示范带动作用，更好地引领家乡妇女积极投身乡村振兴事业。2019年2月，《云南省乡村振兴战略规划（2018—2022年）》正式颁布，其中特别提到要加强党员和带头人队伍建设，尤其在妇女中发展党员和带头人。2022年，云南省农业农村厅、省妇联联合开展2022年乡村振兴巾帼建功高素质女农民培育工作，旨在加快培养有文化、懂技术、善经营、会管理的高素质女农民，推进云南农业农村现代化妇女人才建设（图5.18）。

临沧市妇联2018年下发《临沧市妇联开展"乡村振兴巾帼行动"实施方案》，并以建设乡村振兴示范点的方式实施，在农村产业发展、生态环境保护、乡风文明建设、农村弱势群体关爱等方面发挥了妇联组织的独特作用。特别是以"乡风文明我先行，共建美丽新家园"为主题，通过"党建带妇建＋思想引领""党建带妇建＋技能培训""党建带妇建＋产业项目""党建带妇建＋志愿服务""党建带妇建＋美丽家园""党建带妇建＋家庭建设"推进"乡村振兴巾帼行动"，组织动员广大农村妇女，强化思想引领、提升技能、为创业赋能，在乡村振兴中大显身手，绽放风采。

通过开展各类主题宣传教育活动，动员广大妇女在脱贫攻坚主战场、乡村振兴第一线、社会服务各领域履行好每一项职责。

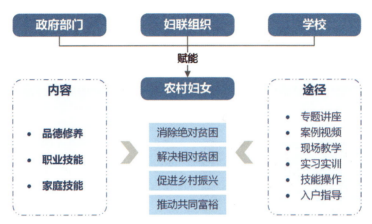

图5.18 农村妇女技能提升和创业赋能体系

通过宣传宣讲温暖妇女、激励妇女、团结妇女，凝聚起巾帼力量。临沧市广泛开展"百万巾帼大宣讲"，举办"脱贫攻坚巾帼在行动""抗疫巾帼红"等主题突出、内容丰富的宣讲活动，激发村民建设家乡的高涨热情和内生动力。同时，动员、组织广大农村妇女在产业振兴、人居环境提升、乡风文明建设、健康婚育观、农村弱势群体关爱等方面发挥妇联组织的独特作用和妇女力量。推动妇女之家向各领域拓展，探索在村民小组、社区网格等妇女群众生产生活的最小单元建立妇女微家，进一步激活基层妇联组织神经末梢，实现联系妇女群众"零距离"、服务妇女群众"无缝隙"。

充分发挥引领、服务、联系妇女群众的功能，建立形式多样、活动常态、特色鲜明、成效显著的妇女组织模式。大力宣传乡村振兴方针政策，帮助妇女及时了解、掌握和运用强农惠农富农政策，扶贫政策和美丽宜居乡村建设要求，让农村妇女群众深入了解易地扶贫搬迁、教育精准扶贫、医疗救助扶贫、社会保障兜底扶贫、金融扶贫、产业和就业扶贫等方面的优惠政策和措施。持续开展"自强、诚信、感恩"主题教育，推动贫困妇女通过自己的辛勤劳动脱贫致富，激发贫困妇女内生动力，形成勤劳致富、脱贫光荣的良好导向（图5.19）。

通过深入实施"新时代妇女文明素养提升工程"，持续在全市各级妇联中开展"新时代女性课堂"培训，不断加强妇女教育培训力度。推进"乡村振兴巾帼行动"在全市深入开展，促进全市农村妇女提升素质，提高参与乡村振兴的能力。

各个示范点结合实际，结合旅游文化特色村建设，把乡村振兴与扶贫、扶志、扶智结合起来，组织动员农村妇女参加各部门的相关培训，促进妇女平等享有普惠性培训政策资源，推动妇女受训比例不断提高。延伸工作手臂，整合社会资源，集社会之力构建农村妇女培训体系。聘请有关领域专家，开办服务礼仪、食品卫生安全、家庭教育、家庭理财、巾帼家政、电子商务、反家暴、卫生健康知识、早婚早育对象文化素质提

图5.19 巾帼普法维权志愿服务队开展法治宣传活动

升等方面的培训班，提升行业领域技术技能，着力打造自驾游、野钓、码头观光、农家食宿等旅游项目，引导群众积极发展餐饮、游船、当地农特产品销售等行业，为广大农村妇女投身乡村振兴打牢了基础（图5.20）。

图5.20　耿马自治县孟定镇遮哈村手工造纸培训

以产业发展为重点，动员妇女主动积极参与，引导妇女在发展现代农业的过程中创业致富。

大力培育"妇字号"农业龙头企业、专业合作社、家庭农场等巾帼新型农业经营主体，鼓励支持女企业家、女大学生、女进城务工人员等返乡下乡创业，为她们提供及时便利的政策咨询、项目对接、融资牵引等服务。开展"巾帼脱贫示范基地"创建活动，帮助更多妇女通过生态观光农业、妇女专业合作经济组织、女大学生创业基地实现创业梦想，培育一批巾帼创业创新示范基地和巾帼致富带头人，带动和帮助更多的妇女发展特色农业。

发挥能人带动作用，积极培育"妇字号"新型农业经营主体，推动农村妇女走适度规模经营之路。结合大生态、大旅游，积极打造巾帼农家乐试点。顺应"互联网+"新趋势，不断培育"巾帼电商"。深化"巾帼建功"活动，在全市选树一批"巾帼文明岗""巾帼建功标兵""巾帼建功先进集体"，大力促进城乡妇女立足岗位，积极创业创新创优，投身新时代建立新功业。

加大绣娘培训力度，建立"巾帼巧手脱贫示范基地"，扶持妇女手工产业致富带头人。支持特色村建立专业合作社、专业协会，形成多种形式的联合体，进一步推广"公司+协会+绣娘""公司+合作社+绣娘"的生产模式，进一步引导妇女特色手工产业从分散生产转向产业化、规模化、市场化发展，让"指尖技艺"转化为"指尖经济"。发挥家政服务业就业门槛低、就业容量大的作用，充分调动农村妇女从事家政服务的积极性、主动性，提高家政服务从业妇女的专业化、职业化水平。支持、鼓励、引导巾帼家政企业发展壮大。

充分发挥"巾帼家政示范基地"示范带动作用，利用市场手段进行资源优化整合，培养一批市场份额高、管理运行规范、社会信誉好、客户满意度高的家政服务品牌，最大限度吸纳妇女就业。各示范点用好"贷免扶补""小额担保贷款"、妇女发展循环金等项目，扶持有创业发展意愿的妇女，在"乡村振兴巾帼行动"中进一步激发了广大妇女干事创业的活力（图5.21、图5.22）。

图5.21　双江自治县拉祜族妇女居家灵活就业

广泛普及志愿服务理念，大力弘扬"奉献、友爱、互助、进步"的志愿服务精神，构建富有妇女特色、符合群众需求的巾帼志愿服务体

黄应菊原本是临翔区昔本村一位普通的农村妇女，2004年以前以小作坊生产酱菜。通过自己多年的创业拼搏和贷免扶补、"妇女发展循环金"等支持，黄应菊先后创办了临翔区四通酱菜加工厂、临沧市临翔区四通酱菜农民专业合作社，经营逐渐有了规模，带动了周围村民种植蔬菜勤劳致富。2016年，黄应菊又成立了临沧四通农业综合开发有限公司，并新建标准厂房。公司以订单方式收购酱菜原料，与1921户社员签订蔬菜种植协议，带动463户建档立卡贫困户种植蔬菜。此外，公司还积极吸纳贫困、残疾劳动力，让农户在家门口就能挣到钱。

图5.22　黄应菊创业经历

系，开展巾帼志愿服务活动，为建设和谐社会贡献力量。**

各示范点积极组建巾帼志愿服务队，如姐妹互助志愿服务队、民族歌舞志愿者、环境卫生保障志愿服务队、礼仪接待志愿服务队、家风宣教志愿服务队等，发挥妇女在各个领域建设独特作用，激励广大妇女以行动建功新时代，以奋斗创造美好生活。她们活跃在一线，围绕扶贫助困、化解矛盾、宣传发动、倡导文明做了大量的工作，积极参与人居环境提升、邻里互帮互助、疫情防控等工作（图5.23）。

激发广大妇女投身创建"美丽家园"的积极性，推动美丽乡村建设，提升生活品质，实现现代文明，以家庭面貌的焕然一新促进美丽乡村的

图5.23　沧源自治县勐董镇永和新村巾帼志愿者服务队

改造提升。

发挥女性在家庭文明和生态文明建设中的独特作用，引导广大妇女身体力行传播生态理念，共建共享生态文明成果。强化农村妇女尊重自然、顺应自然、保护自然的意识，创建临沧市"美丽家园"示范户、临沧市"洁净家庭"示范户等，引导农村妇女从家庭做起、从改变生活和卫生习惯入手，积极参与农村人居环境综合整治，倡导绿色生活、推动绿色发展，共建美丽乡村。通过打造鲜花盛开的村庄建设来延伸美丽家园建设。为更好地美化家园，各地示范点因地制宜，发动群众探索和推广具有乡村气息和地域特色的"小菜园、小花园、小果园、小林园、小养殖园、小乐园"的"多园模式"，房前屋后见缝插绿、有花有果。大家共同建设山清水秀、天蓝地美、和谐美丽新家园。以寻找"最美家庭"为载体，开展好媳妇（女婿）、好儿女、好公婆推选活动等，使千千万万家庭汇聚好家风、用好家风支撑起好社风，助力基层社会治理现代化，促进乡村文明（图5.24）。

临沧市妇联用3年的时间，在全市创建乡村振兴巾帼行动示范点27个、培养了乡村振兴示范点妇联干部405名、组建了75支巾帼志愿服务队、招募了2253名巾帼志愿者，实现了加快培养有文化、懂技术、善经营、会管理的高素质女农民的目标，帮助农村妇女技能提升，引导农村妇女乡村振兴战略实施过程中创业致富。

农村妇女技能提升和创业赋能可以为农村带来新的生活理念和新的生活方式，引导农村妇女解放思想、提高素质，帮助农村妇女提升社会地位，实现脱贫致富的内生动力，帮助农村女性实现从"他助—自助—助他（她）"的人

双江自治县沙河乡允俸村党总支书记艾蕊带领村民从改变村容村貌开始，逐步发展乡村旅游产业。她通过县妇联争取到妇女发展循环金18万元，扶持9名妇女开办农家乐；争取中国妇基会@她创业计划——母亲创业循环金100万元扶持允俸村34户妇女致富带头人发展电商、农家乐等创业就业，通过农家乐的发展带动了周边妇女种植蔬菜、养鱼、做小吃。通过近5年时间，允俸村景亢组、那京组被评为国家"AAA"级景区，允俸村被评为全国乡村旅游重点村镇，旅游收入达到1600万元，组建了120余人的14支文艺宣传队，解决了200余人就业问题。艾蕊表示："在发展乡村旅游的过程中，妇女真正发挥主力军作用，一个家庭里，只要我们妇女同志思想观念转变，就能带领整个家庭乃至整个村发展起来，除此之外，邻里关系和谐、村容村貌整洁、缝衣服、做小吃都离不开我们妇女同胞的努力。"

图5.24 双江自治县沙河乡允俸村党总支书记艾蕊接受采访

生转变。临沧市妇联通过建设乡村振兴巾帼行动示范点、培养妇联干部、组建巾帼志愿服务队、招募巾帼志愿者,通过品德修养、职业技能和家庭技能教育,提高农村妇女的家庭管理、家庭教育、家风培育、就业创业等技能和素养,形成核心能力,从而增加农村妇女收入,展示美丽自我和美丽家庭,提升农村妇女的幸福感和获得感,激发农村妇女对品质生活、美丽自我的向往和追求,提升农村妇女勇于展现自我的信心。临沧市乡村振兴巾帼行动的开展和实施,有利于农村消除绝对贫困、解决相对贫困、促进乡村振兴和实现共同富裕,也为落实多项可持续发展目标提供了宝贵经验(SDG1、SDG4、SDG5、SDG8)。

参考资料

[1] 向延平.农村妇女赋能教育的理论逻辑与实施路径[J].衡阳师范学院学报(社会科学),2022,43(5):45-52. DOI:10.13914/j.cnki.cn43-1453/z.2022.05.015.

[2] 李娅.乡村振兴背景下农村妇女发展困境及对策研究[J].乡村视野,2022(7):87-99.

[3] 胡东霞.乡村振兴视域下贫困地区农村妇女发展研究——以甘肃省环县为例[J].乡村振兴,2022,33(13):127-130.

[4] 宗芳.国际人权视阈下农村妇女政治赋权问题探究[J].学术探索,2013(9):14-18.

[5] 刘晓玲.农村妇女创业培训的分析与思考[J].温州农业科技,2016(4):46-49.

[6] 沈费伟,袁欢.农村妇女角色定位、治理能力提升与乡村社会振兴[J].创意城市学刊,2020(1):119-131.

第6篇　增强创新支撑水平

坚持创新驱动发展战略,以科技创新为核心,营造创新环境、完善创新激励机制、打通创新服务链条,形成多层次的创新服务体系,最大限度释放创新活力。

——《云南省临沧市可持续发展规划(2018—2030年)》

6.1 人才下沉赋能欠发达地区农业农村发展
——临沧市推进科技特派员制度工作实践

  针对欠发达地区农业缺乏养殖种植等先进实用的科学技术、农民无处可学实用技术知识、农村欠缺特色产业支撑等问题，临沧市根据农业、农民、农村实际发展需求，通过推进科技特派员制度实施精准帮扶工作。通过开展实用技术推广、科普活动和实用技术培训、建立示范基地和培育优势特色产业，科技精准扶贫成效显著，培养了一批科技特派员和科技示范户、转化了一批农业科技成果、建设了一批科技创新平台，加快了边境贫困群众脱贫步伐，为实现可持续发展目标SDG1（无贫穷）、SDG2（零饥饿）和SDG8（体面工作和经济增长）提供了宝贵经验。

  区域发展不平衡是世界范围内一个普遍存在的现象，不同国家的社会经济发展水平存在显著差异。国家内部也存在不同程度的地区差距，例如，发达地区和欠发达地区。欠发达地区是一个相对概念，指低度开发的落后地区或边缘区。欠发达地区居民中农业人口占很大比重，相当一部分乡村仍然处于自给自足的自然经济状态。

  关注欠发达地区的发展，缩小地区间的发展

差距，采取积极的扶持政策是世界各国政府应有的任务和目标。2007年联合国贸易和发展会议公布的《2007年最不发达国家报告》指出，贫穷国家和地区必须在发展科学和技术方面进行大量投资，必须将这些知识和技术进一步应用于农业、制造业和服务业，才有可能跟上其他地区的发展脚步。

早在联合国开发计划署《1996年度人力资源开发报告》中指出："国家、地区之间的竞争，是知识和技术的竞争，实质上是人才的竞争"。欠发达地区存在着经济薄弱、平台匮乏、教育资源等软环境不佳等很多问题，导致其人才吸引力、竞争力弱，通过人才下沉发挥人才引领与支撑作用，是促进欠发达地区的发展的重要途径。2015年9月，联合国《2030年可持续发展议程》提出了17个发展目标（SDGs），其中SDG2.3[1]、SDG2.a[2]以及SDG8.2[3]与提升欠发达地区农业水平和经济水平息息相关。

为提升我国农村地区农业、农民的科学技术水平，2009年，科技部等八部门印发《关于深入开展科技特派员农村科技创业行动的意见》，全面启动了科技特派员农村科技创业行动。2014年中央组织部等10部门制定的《边远贫困地区边疆民族地区和革命老区人才支持计划实施方案》和2015年的《中共中央关于制定国民经济和社会发展第十三个五年规划的建议》中，提出要重点支持民族地区、边疆地区、连片特困地区脱贫攻坚，需要发挥科技、人才支撑作用，加大科技扶贫力度，解决贫困地区特色产业发展和生态建设中的关键技术问题。而科技特派员制度有效地推动了科技人才深入农村，围绕当地产业和科技需求，与农民建立"风险共担、利益共享"的利益共同体，开展创业和服务，形成了科技人才深入农村开展创业和服务的有效机制，为加快农村科技成果转化和应用、增加农民收入、发展农村经济作出了重要贡献，使广大农民有了更多获得感、幸福感。

2012年云南省科技厅印发了《云南省科技特派员认定管理办法》，启动开展科技特派员认定工作，截至2016年，共认定省级科技特派员1734名。2022年6月，云南省科技厅《关于印发深入实施科技特派员制度三年行动方案（2022—2024年）》，将"坚持人才下沉"列为基本原则，旨在引导科技特派员深入企业、深入群众、深入基层，加快科技成果转化，促进农业增产农民增收，助力乡村振兴和农业农村现代化。同年9月，云南省科技厅《关于征求云南省企业科技特派员实施方案（征求意见稿）》，为进一步提升中小微企业的科技创新能力，打通高校、科研院所服务中小微企业的"最后一公里"。

2018年5月，临沧市科技局关于印发《临沧市科技特派员认定管理办法》的通知，提出科技特派员"发挥自身专业特长和派出单位优势条件，结合各地优势特色资源开发，宣传、推广、普及和培训先进适用农业技术、装备、信息与经营管理模式等"，为实现科技精准扶

---

[1] SDG2.3：到2030年，实现农业生产力翻倍和小规模粮食生产者，特别是妇女、土著居民、农户、牧民和渔民的收入翻番，具体做法包括确保平等获得土地、其他生产资源要素、知识、金融服务、市场以及增值和非农就业机会。

[2] SDG2.a：通过加强国际合作等方式，增加对农村基础设施、农业研究和推广服务、技术开发、植物和牲畜基因库的投资，以增强发展中国家，特别是最不发达国家的农业生产能力。

[3] SDG8.2：通过多样化经营、技术升级和创新，包括重点发展高附加值和劳动密集型行业，实现更高水平的经济生产力。

贫，将科技特派员锚定在农业、农村、农民的"三农"领域。

此外，临沧市科技特派员由省市两级科技部门选拔，每年从省、市属科研院所、大中专院校和企业中推荐选派中级以上，自愿为受援地服务对象提供科技服务或到受援地开展科技创业的科技人员，选派到8县区开展科技服务，把现代科技理念和先进的科学技术传授到广大农户中。截至2020年12月，临沧市累计选派"三区"科技特派员749名，到临沧市8县（区）开展科技服务，同时，从8县（区）选派市级科技特派员215名，建立科技示范户650户。全市562个原贫困村每个村至少选派1名以上科技特派员，实现了全覆盖。

结合临沧市当地农业农村发展需求，科技特派员开展了精准帮扶工作，加快了边境贫困群众脱贫步伐，为临沧农业农村发展提供了有力的人才支撑。

围绕当地产业发展的科技需求，大力开展畜禽科学养殖及茶叶、核桃、魔芋、坚果、玉米等科学种植管理等先进实用技术推广应用，全力推进科技与经济的紧密结合。将促进农业增收、农民增效作为工作重点，以市场为导向，以培养发展特色优势产业为主线，积极探索开展科技服务工作的新思路、新方法，做到找准目标，精准帮扶，培育发展了一大批优势特色产业，增加了农民收入，起到了良好的示范作用。

围绕贫困村"新产业、新发展、新生活"的总体目标，结合"科技活动周""科技下乡"等科普活动，以产业培育和特色产业发展为重点，全面开展贫困村实用技术培训，确保贫困村每户有1名科技明白人，提升了群众科技素质，提高了群众依靠科技增收致富的能力。同时大力普及优生优育、重大疾病预防、防灾减灾、环境保护等科技知识，促进了贫困村生产生活方式转变（图6.1）。

针对畜禽养殖瓶颈问题，临沧市畜牧推广站畜牧技术骨干高级畜牧师苏有梅作为"三区"科技人员，为云县畜禽养殖为主的云南山水农牧集团有限公司、耿马自治县的团结村、永德县的炭山村等企业和山区贫困村的农户提供了科技服务。

了解到当地牛羊多，但个体非常小，出栏率非常低的实际情况，苏有梅因地制宜地编写《临沧市肉牛饲养管理及人工冷配技术》手册；举办了"肉牛人工授精培训班"，手把手地教会学员们肉牛人工授精技术和治疗牛病等方法；还根据各个"三区"挂钩村的实际需要做出不同的畜禽防疫程序。4年服务期间，她举办畜禽养殖技术培训班6期，培训新型农民328人次，已有21个学员能独当一面开展畜牧技术工作；共解决畜禽养殖难题、咨询服务养殖户共11680多次；

图6.1 临沧科技特派员工作模式示意

为"三区"扶贫挂钩村增设了3个肉牛冻精改良点，用人工授精技术共改良了2836头肉牛、出栏育肥牛2600多头，累计实现销售收入3900多万元；帮助农民开展畜禽治疗121次，为养殖户们挽回经济损失近40多万元，带动起3个畜牧专业合作社，共培育肉牛养殖农户247户（图6.2）。

临沧市林业科学研究所高级工程师铁学江主要从事林业科研试验、示范及推广工作，于2013—2016年被选派到临沧市双江自治县勐勐镇忙乐村开展"三区"科技服务。

双江自治县勐勐镇忙乐村，是多个少数民族聚集居住地，生产和生活条件都比较落后，高海拔地区主要以茶叶、核桃及少部分甘蔗产业为主，低海拔地区主要以种植芒果、荔枝、澳洲坚果、种植甘蔗产业为主。2013—2016年，铁学江被选派到该村开展"三区"科技服务，通过走村串寨面对面与群众交流、调查研究，根据产业发展实际情况，积极探索制约贫困山区产业发展的林业技术瓶颈，开展了核桃产业和澳洲坚果产业的木本油料提质增效科技培训，并建立了产业发展示范基地；引进了高价值优质水果试验示范种植，组织合作社发展了森林蔬菜（火镰菜）种植示范，开展了林下经济种植示范。他积极宣传农村经济合作发展的前景与未来，鼓励农民发展农村经济合作组织，于2016年在忙乐村洼底河组

(a)

(b)

(c)

(d)

图6.2 临沧市科技特派员苏有梅开展畜牧推广科技服务

成立了洼底河农林专业合作社，发展社员20人，带动农户30余户。增加了农户种植收入，起到了良好的示范作用（图6.3）。

（a）

（b）

图6.3 临沧市科技特派员铁学江开展林业技术科技服务

临沧市农业技术推广站高级农艺师杨明文主要从事农业科研及农技推广工作。自2012年以来，连续多年担任云南省科技特派员和"三区"科技特派员，被选派到沧源佤族自治县芒卡镇南腊村、莱片村、糯良乡怕拍村、永德县大山乡纸厂村，临沧滇晟农林发展有限公司和凤庆县磊鑫农产品开发有限责任公司等贫困村或相关企业，开展魔芋产业发展技术服务工作。

杨明文科技特派员带领科研团队从品种引进、品种筛选、品种布局、种植技术及病虫害繁殖技术等方面进行深入研究，并对接受援助单位气候资源、土地资源、产业结构、收入状况以及劳动力状况等进行调研，制定具有针对性和操作性的帮扶计划。积极为受援单位争取相关项目资金200余万元，为种植户无偿提供50余万元良种、农药、化肥等物资。累计建立魔芋良种繁育基地8500亩，魔芋规范化种植示范基地14600亩。组织魔芋种植、管理、病虫害防治及采挖技术85场次，参训人员4890人次，现场指导或电话、微信等不同形式开展线上线下技术指导及咨询500余次。截至2022年6月，临沧市从事魔芋种植的专业合作社50余个，初级加工厂6个，魔芋产业综合产值达到10亿元以上。魔芋产业在局部地区已经成为支撑实现脱贫、助力乡村振兴的特色产业，为山区农业产业发展和壮大集体经济走出一条好路子。此外，杨明文为临沧农业产业结构调整和山区脱贫积极建言献策，在政协提案中倡议并在临沧率先开展的魔芋产业开发，现已成为贫困山区脱贫致富的一项重要产业（图6.4、图6.5）。

临沧市农业技术推广站果蔬蚕桑室主任、高级农艺师张东成连续多年作为云南省"三区"科技人员，到凤庆县勐佑镇河东村、镇康县木场乡木场村、双江自治县忙糯乡忙糯村、镇康县木场

图6.4 为贫困山区农户开展魔芋种植技术培训

图6.5 指导农户进行魔芋采收

乡打拢村开展水果科技推广服务。

张东成结合专业实际，充分利用当地自然资源，因地制宜地实施水果科技推广，从2014年到2018年，共扶持农户新植水果27.03亩，实施优质水果示范项目1098亩，其中扶持河东村杨军户种植冬桃、水蜜桃、柑橘等水果共12亩；扶持忙糯村打海寨组李发新等15户果农新植冬桃15.03亩；在木场村实施冬桃示范项目95亩；指导打拢村实施好柑橘示范项目1003亩。共与受援挂钩村组干部研究安排工作17次，组织水果种植、施肥、修剪等技术培训15场次，共培训果农700多人次，其中服务建档立卡贫困户16户，共发放技术培训材料700余份，发放物资2.7685万元，通过现场科技培训和田间技术指导，使当地群众在水果种植管理技术上有了更大提高，种植户对张东成给予了高度评价。通过项目实施，新植的27.03亩水果于2017年起初步挂果，以后逐年增加产量，三年后进入丰产期。进入丰产期后，按每亩每年生产水果2.5吨，每吨水果最低5000元算，每年可实现总产值33.79万元（图6.6）。

临翔区地方产业发展服务中心高级农艺师李绍兴，长期从事茶树良种繁育、茶树栽培、茶叶加工、茶文化、临沧道地野生中草药等研究，被省科技厅认定为"科技特派员"和"三区"科技

（a）

（b）

图6.6 "三区"科技人员张东成开展技术服务

人才。自临沧市实施"万名人才兴万村"行动以来，他担任农旅专家，开展了南本村、南信村"派一人、包一村、抓一业"的具体工作。

李绍兴入驻结对帮扶村后，与村委会深入沟通，提出了南本村、南信村乡村振兴的总体发展思路。他聚焦专业特长和优势资源，采取"公司+农户+基地"的模式，加强对现有茶叶产业及茶园的指导工作，积极引进临沧双林苗木种植有限公司，建立道地药材仙茅、滇黄精等种苗繁育基地28亩，引进丽江雪桃品种并完成水果桃树品种改良1000余株。此外，他还深入挖掘当地茶文化资源、古迹资源，办起茶艺培训班，凭借丰富的品牌提升经验，带动村民发展茶旅融合乡村旅游业（图6.7、图6.8）。

图6.7 讲解茶叶养护技术

图6.8 带领农户开展药材种植示范

云南云澳达坚果开发有限公司联合云南坚果研究所、临沧市科技信息站、勐简乡大寨生态农业园（耿马自治县工业和科技信息化局、勐简乡人民政府）助力形成覆盖澳洲坚果产业产前、产中、产后全过程、全产业链的产业发展模式。

云南云澳达坚果开发有限公司以云南省科技计划《云南坚果（澳洲坚果）标准化种植加工关键技术集成与产业化开发示范》项目为依托，围绕澳洲坚果"良种选育→优质种苗培育→技术服务推广→丰产栽培→果实加工→产品营销"的全产业链关键技术进行研发及人才培养，建立了"龙头企业+专家服务团队+技术推广与服务中心+专业合作社+示范基地+农户，联结市场"为一体的覆盖澳洲坚果产业产前、产中、产后全过程、全产业链的产业发展模式，有效促进了临沧市澳洲坚果产业进一步发展壮大，培植当地支柱产业，使生态环境进一步得到改善，实现了产业发展生态化的总体经营目标，也促进广大农民的增收。通过供应良种壮苗、丰产栽培技术培训指导服务和果实回购，带动了镇康县、耿马自治县、临翔区等县区5万余户村民积极参与澳洲坚果的种植，发展种植澳洲坚果24万余亩，满足澳洲坚果产业发展的需要，为产业的健康发展奠定了基础。采用良种、良法种植的农户，实现了亩均增收100元，户均增收1000元以上。

临沧市认真贯彻落实国家科技特派员制度，积极组织和动员广大科技人员到基层开展科技服务，围绕推进"一县一业"示范县创建，发挥科技特派员的作用，聚焦科技项目、科技人才培养、系列科技活动等，帮助农户解决农业生产的科技问题。广泛开展了林下魔芋、中药材种植、茶叶、坚果、甘蔗栽培管理、畜禽养殖等各类科技培训、科技下乡和群众性科普宣传活动等。积极邀请云南省农科院在临沧举办"临沧市'三区'科技人才暨现代化边境小康村示范带建设培训班"。每年为每个边境县选派2名以上科技人员到省级有关部门进行培养，今年组织沧源自治县5名科技人员参加了全国蜂产业骨干科技特派员专题培训班线上学习和选派28名科技人员到昆明分别参加了云南省食用菌产业发展研究院组织的"食用菌栽培技术"专题培训和云南省科技厅组织的"三区"科技人员专项培训。2022年，积极引进云南省农科院44名博士团队精准挂联全覆盖临沧44个边境行政村开展科技服务。

无论发达国家还是落后国家，都存在国内区域经济发展不均衡问题，随着科技在国家、区域经济发展中的作用越来越大，人才逐渐成为推动本国欠发达地区的发展的关键资源。临沧市由政府部门按照"需求导向、自愿报名、双向选择"的原则,坚持"有技术专长、有创新创业基础、有示范带动能力、有服务奉献精神"的标准,以产业发展为导向,精准择优选派"三区"科技人才和科技特派员,坚持农民需要什么样的科技人员,就派什么样的科技人员,不断深入开展各类科技培训和产业扶持,让科技特派员领着农民学、做给农民看、带着农民干。临沧市农村产业发展水平和广大群众科技意识明显提高,群众致富渠道明显拓宽,致富能力显著提升,实现了农业增效、农民增收,为临沧市脱贫攻坚和高质量发展作出了积极贡献。临沧市推进科技特派员制度的案例表明,通过政府高位推动,完善政策保障,做到精准选派,精准帮扶,面向欠发达的农业农村一线下沉科技人才,通过增加农业研究、推广服务、技术开发,技术升级和创新,实现更高水平的经济生产力,促进可持续农业,大幅增加农村受教育或培训的青年人比例,消除贫困,实现可持续发展目标和欠发达农业农村可持续发展的重要举措。

参考资料

[1] 黄顺春,高方圆.国外发展欠发达区域的人力资源开发经验启示[J].中国商贸,2014,606(9):130-132.

[2] 王勤花,熊永兰,张志强.欠发达地区发展国际战略计划与主要研究方向分析[J].世界地理研究,2011,20(2):46-56.

[3] 何绍华,刘敏,田春梅.临沧市科技特派员助推脱贫攻坚工作的实践[J].云南科技管理,2021,34(1):42-44.DOI:10.19774/j.cnki.53-1085.2021.01.001.

[4] 李如英.云南省临沧市高原特色农业发展的问题及对策[J].当代经济,2016,403(7):51-53.

[5] 胡华田.科技特派员制度模式的演进及其特征——以武夷山市为例[J].河南农业,2023,638(6):56-58.DOI:10.15904/j.cnki.hnny.2023.06.001.

[6] 李可,许青萍,李婧媛,等.云南省科技特派员制度成效与思考[J].云南农业科技,2023,331(1):4-7.

6.2 数字赋能治理能力和服务水平现代化
——临翔区玉龙社区智慧治理模式

智慧社区作为一种利用信息技术手段对社区进行智能化管理的方式，可以有效应对城市化问题，提升社会治理水平。在我国大力推动智慧社区建设的背景下，临沧市临翔区玉龙社区作为人口多而密集、社会治理资源较少的社区，依托临翔区城市社区智慧党建（治理）平台，结合自身情况和需求，搭建了玉龙"智慧社区"信息中心，并结合线下网格化治理和多方资源，构建了模块化的智慧社区系统，全方位地满足了居民需求。通过智慧社区建设，玉龙社区有效破解了社区治理方面的瓶颈问题，成功提升了治理能力和服务水平，促进了SDG9（产业、创新和基础设施）、SDG11（可持续城市和社区）等可持续发展目标的落实。

目前，全球正在经历快速城市化的过程。截至2018年，全球已经有55%的人生活在城镇区域，且这一比例将在2050年上升至68%。城市化在提升生活水平、增加就业机会、改善医疗条件等方面有诸多优势，也带来了如粮食安全、生态环境、社会治理、公众健康等多方面的挑战。

在应对诸多城镇化挑战的过程中，众多地

区开始对城镇进行集成化、信息化、智能化管理，以提升公共服务和社会治理水平，由此催生了"智慧社区"的理念。智慧社区的发展既是社区不断成熟、发展、创新、变革的必然结果，亦是社会治理领域智能化进程的延伸。智慧社区依托信息技术及基础设施，将物业服务、便民服务、政务、医疗、通信等多方面需求高效整合至一个智能化信息系统中，为居民创造更加便捷、舒适、高效与安全的生活环境，从而实现日常生活和服务的智能化、便捷化。在提升社区整体建设水平的同时，智慧社区还助力降低社会治理成本，通过最少的人力、物力投入最大程度地改善居民生活品质。此外，随着社会的发展与观念的进步，公众对参与社会治理的主体意识日益提高，信息化平台的搭建极大地提升了公众参与的便捷性，给予了公民发表意见、提出建议的机会。

20世纪70年代以来，联合国相继成立了生境和人类住区基金会、人类住区委员会、人类住区中心，乃至今天的联合国人类住区规划署，致力于从社会和环境两个方面推动城镇的可持续发展。在《2030年可持续发展议程》中，联合国提出要在所有国家加强"包容和可持续的城市建设，加强参与性、综合性、可持续的人类住区规划和管理能力（11.3）"；在《新城市议程》中提出应通过"规划确保便利和互联互通的基础设施和服务、可持续的人口密度、紧凑设计和新社区融入城市结构；支持国家、国家以下和地方各级政府在数据收集、映射、分析和传播，人口普查、住户调查、人口登记、社区监测流程等方面发挥作用并提高能力。"

相较于许多其他国家和地区，中国人口总量多、人口密度大，对于社区治理的集成化、智能化程度提出了更高的要求。

2014年，住房和城乡建设部印发《智慧社区建设指南（试行）》，提出"我国大规模建设智慧社区势在必行"，并首次对智慧社区的评价指标体系、总体架构及支撑平台、基础设施与建设平台等方面进行了系统性的阐述。2016年，国务院通过《"十三五"国家信息化规划》，提出要"推进智慧社区建设，完善城乡社区公共服务综合信息平台建立网上社区居委会，发展线上线下相结合的社区服务新模式"。2021年，国务院在《"十四五"城乡社区服务体系建设规划》中提出到2025年末，社区线上线下服务机制更加融合，精准化、精细化、智能化水平持续提升。2022年5月，住房和城乡建设部等9部门在《关于深入推进智慧社区建设的意见》中提出到2025年，基本构建起"网格化管理、精细化服务、信息化支撑、开放共享的智慧社区服务平台，初步打造成智慧共享、和睦共治的新型数字社区，社区治理和服务智能化水平显著提高"。

地方层面上，云南省在2022年中《"十四五"城乡社区服务体系建设规划》中指出要提高数字化应用水平，"实施'互联网＋基层治理'行动，集约建设智慧社区信息系统，鼓励多方参与建设开发智慧社区信息系统和简便应用软件，增加政务服务事项网上受理、办理数量和范围，加速线上线下融合"。同年，《"十四五"数字云南规划》中提出应创新智慧社区服务，在有条件的社区开展网络设施、智能终端等建设，深化社区网格化数字管理模式应用，持续完善在线矛盾纠纷多元化解平台，有效提升基层矛盾化解能力。

临沧市临翔区忙畔街道玉龙社区成立于2019年8月，辖区面积231.26亩，设有一级网格1个、二级网格6个以及三级网格34个。社区内的玉龙花园保障性住房小区是临沧市居住人口最多、流动人口最密集的小区，共有住房高达8092套。截至2022年11月，该社区已有7765户2万余名居民（其中包括60岁以上的老年人1358人），以及幼儿园2所、企业7户和商户208户。社区内居民群体以创业青年、外来务工人员以及生活困难人员等低收入族群为主。社区成立伊始，玉龙社区就面临着管辖人口总量多、外来务工及中低收入人群众多、老年人与儿童数量众多，且社区治理资源和社会力量相对匮乏的"三多两少"治理现状。针对这样一个拥有近2万人口的大型社区，如何在最大程度上充分利用社会资源并实现基层治理的现代化，一直是玉龙社区自创立以来所面临的难题。

为了应对这些挑战，玉龙社区抓住了智慧社区建设的契机，以临翔区城市网格化治理模式与城市社区智慧党建（治理）平台为基础，以"标准化治理"及"人性化服务"为着力点，结合自身的治理目标、问题、需求，对原有治理体制和系统进行进一步细化和升级，探索用智慧化手段解决社区问题的方式，有效推进了智慧社区建设升级工作（图6.9）。

图6.9　临翔区玉龙社区党群服务中心

临翔区整体推进社区治理现代化，依托信息化平台和网格化治理，探索智慧城市治理模式。

2020年以来，为了推动城市社区治理方式从传统村改居管理向现代化治理转变，临翔区全面启动了深化城市社区网格化治理改革工作。全区被划分为1.2万余个网格，各级网格建立健全定期走访、联防联控、网格议事、社情民意办理等工作机制，有效收集民情诉求，快速化解安全隐患，既能在小范围内对暴露的社会问题进行迅速处理，又能在有必要的情况下调度更大范围的资源，集中解决复杂问题。

城市社区网格化治理工作启动以来，临翔区结合网格化治理，着力打造临翔区城市社区智慧党建（治理）平台，形成以"格"为治理单元、以"网"为运行依托，以"信息"为工作支撑，"一屏知全域、一网管全局"的智慧化城市治理模式。该平台由1个区级指挥中心、2个街道信息中心、15个社区业务中心、管理小程序"临翔网格员"以及城市用户小程序"临翔慧民居"五个子系统组成。其中，居民使用的"临翔慧民居"微信小程序，是完善居民参与基层社会治理制度化的重要渠道和主要数据来源，含有"报事""办事""议事"等功能。居民在发现需要临翔区各级各部门出面处置的问题，或者有个人合理的诉求、困难需要反映时，可以在"报事"模块填写上报至区级指挥中心。区级指挥中心收件后，会分派到相应的社区、街道和各有关职能部门（如区公安分局、区综合执法局、区级协调小组区级问题调度中心、区城投公司等）进行分级受理，实现问题快速解决，并将受理结果反馈回"临翔惠民居"小程序，实现信息闭环。

该系统通过各级各部门的参与以及广大居民的积极使用，实现了城市治理工作的纵向畅通、横向互通以及干群交互。依托该平台，临翔区初步建立起了一支由居民、网格员和行政力量共同组成的多元联动城市问题整治队伍，形成了临翔城市治理共同体（图6.10）。

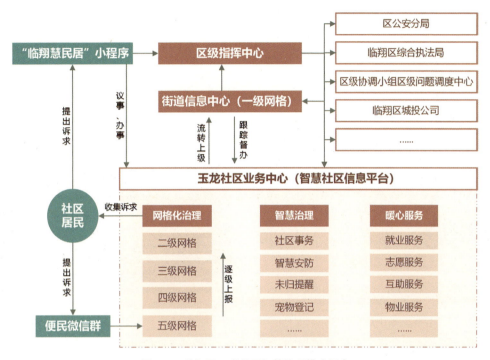

图6.10 临翔区玉龙社区智慧治理模式示意

玉龙社区以区级系统为基础，进一步细化、结合自身情况和需求，搭建了玉龙"智慧社区"信息中心。

玉龙社区以区级系统为依托，通过以社区党支部为核心，组织召开玉龙社区党建引领民主协商议事会议，争取街道党工委、组织部、政法委、公安局等部门和各领域、各行业组织的支持和参与，共同研究玉龙"智慧社区"建设的目标任务，分析治理堵点、难点、痛点问题，汇集各类主体的服务需求，对玉龙智慧社区建设进行了总体安排部署。建设了一个数据中心、一套硬件支撑（包括多功能摄像头和电子围栏等设备）、三大功能板块（公共服务、物业服务和商业服务）和多个应用模块。通过创新机制、整合资源、规划项目、推进智慧社区建设，实现各模块数据的接入、清理和整合，可实时进行监管、指挥、调度、分析，并运用数据不断丰富功能、拓展应用（图6.11）。

图6.11 玉龙"智慧社区"数据中心

将社区网格治理模式与信息平台相结合，提升社区治理效率。

玉龙社区结合五级治理的城市社区治理体系，将所在忙畔街道划分为一级网格，玉龙社区为二级网格，将相邻的楼栋划分为三级网格（6个），单个单元楼为四级网格（34个），每个单元楼中设有数个五级网格，五级网格网格长由志愿者组成，每个五级网格精准对接20~30户。为了进一步方便治理，以楼栋单元为单位组建了便民微信群，通过爱心敲门、暖心问候等方式随时在线关注困难群体需求。在基层网格内无法解决的问题，将由网格长向上级网格上报。为明确职责任务，提高管理水平，社区对志愿者进行了基层党组织建设与现代社会治理网格化培训（图6.12）。

图6.12　玉龙社区网格治理

在玉龙社区，信息化平台与网格化相互促进、互为补充。在信息化平台的搭建过程中，通过网格员进行线上登记，社区人员信息与周边资源（如商家、人才、单位等）得到有效整合。经过整合，在平台中，社区服务人员可以查看居民信息、居民结构（民族分布、教育水平、健康状态、低保状况等），方便了社区治理。例如，对于有慢性疾病的老人等重点人群，通过平台可以第一时间查询其紧急联系人的联系方式与之沟通，并与医务人员进行一对一对接。所有网格长、志愿者的信息也在信息平台中得到了登记，方便管理人员调度资源、及时联系。

推进"智慧治理"平台模块化建设，不断拓展应用功能。

临翔区与玉龙社区在社区治理的实践中，结合实际情况与居民使用需求，进一步拓展、丰富功能，为居民提供便利，满足多方面的需求。采取了升级改造、对接融合和创新开发的"三结合"方式推进智慧社区建设，充分提升了现有资源利用率。将资本和技术引入玉龙社区，由社区与网络运营商、知名互联网企业、本土科创企业、院校共同创建玉龙"智慧社区"创新研发基地。采取"市场换应用""数据换应用"和"服务换应用"等方式，为企业提供研发产品的条件和环境，合作推进智慧社区应用研发、数据开发和安全测试等工作，并将相关研发成果在玉龙社区部署使用，成熟后转化为市场化的产品进行推广（图6.13）。

图6.13　玉龙社区智慧治理

精准管理社区事务。 玉龙社区依托区级平台，在组建社区协商议事会、畅通居民各类组织意见诉求渠道的基础上，对网格内居民报事、议事、办事信息数据进行后台分析，精准掌握社区居民诉求。编制了问题短板清单，解决了活动场地不足、水电费不能线上缴纳等问题，并引入公安部门入驻方便群众办理户籍、交管业务，有针对性地满足了群众需求。

推进智慧安防。 玉龙社区整合原有物业摄像头400余路，科学布置出入口人脸（车辆）识别摄像头、主要道路和公共区域结构化分析摄像头及高空抛物摄像头40余路、电子围栏6套，所有硬件数据实现传输至玉龙"智慧社区"系统、公安"雪亮工程"和内部管理系统进行开发利用。经过安防系统的打造，玉龙社区基本实现了主要路口全覆盖，可以对人员、车辆进行实时监控，探测管控人员进出、违规停车、高空抛物等问题事件，保证社区居住环境的整体安全（图6.14）。

打造特色功能。 玉龙社区结合居民需求，利用设备、资源基础，有针对性地进行了功能拓

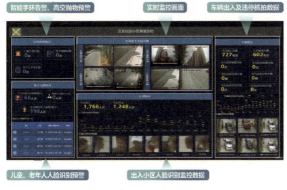

图6.14 玉龙智慧社区"智慧安防"模块

展。例如，基于摄像头的人脸识别系统，打造了智慧养老系统，实现在老年人外出未归一段时间后通知其家属。为身体状况欠佳的老年人额外提供智能手环等感知设备，实现了对身体异常状况的监测预警，拥有一键呼救和定位功能，直接连接到玉龙社区的卫生服务中心。此外，通过居民的协商议事，玉龙社区讨论并研发了宠物登记系统，住户可以来物业认领宠物标牌，便于发生丢失、伤人等任何情况时及时找到宠物主人。

丰富"暖心服务"，为社区居民提供便利。

玉龙社区"智慧治理"平台采用了多种方式方便社区工作者进行治理的同时，更注重为居民带来便利。在暖心服务模块，玉龙社区打造了就业服务、志愿服务、互助服务、物业服务、生活服务等多项功能，向居民提供便捷的人性化功能。

在"就业服务"板块，针对社区内创业青年、外来务工人员较多的情况，玉龙社区提供了招聘信息、技能培训、招考信息、政策文件等信息方便居民就业；并针对在小区内的临翔青年创业园，在影视宣传、项目申报、咨询服务、企业培训等方面提供支持，已经孵化出了临沧微盟科技有限公司等数个成功的企业。"志愿服务"板块汇总了居民发起的公益活动，如三八妇女节系列活动、邻里节系列活动等，便于居民讨论、参

与。"互助服务"板块旨在搭建城市互助交流平台，居民可以发起话题、参与讨论，引导居民实现自我服务，促进居民与居民、部门与居民间的良性互动，挖掘和提升居民凝聚力和认同感，打造"熟人社区""熟人街区"及"熟人小区"。"物业服务"板块旨在提升居民办事的便捷性，在一些行政服务和水、电、房租、物业费缴纳等事项上，允许居民部分或全程线上办理。生活服务板块可以降低居民生活成本，入驻同城配送、房屋租赁、家政服务、安全守护等服务便捷生活（图6.15）。

图6.15 玉龙智慧社区"暖心服务"模块

截至2022年末，通过玉龙"智慧社区"平台，已累计为居民解决诉求问题493余件，实现违停自动报警登记1478次，完成外来入临翔人员追踪登记985人次，有效治理了车辆乱停乱放、不牵狗绳等不文明行为。线上线下结合发起居民议事7次，商议出台《玉龙停车管理办法》《玉龙文明养犬11条》等多项社区民主公约，引入中医院分院、老年人日间照料中心等项目，多项建议得到落地，解决了老年人关心关爱不够到位等短板问题；发起家政培训、美化小区等义务服务31场次，参加人数超过2400余人次，和谐暖心的社区氛围逐渐形成，通过"智慧社区"建设提升社区治理能力和水平的效果日益显现。

玉龙社区使用数字化赋能美丽宜居小区建设，助力了社区治理能力和水平提升，有效破

解了社区治理精细程度不高、居民参与治理氛围不浓，青少年教育、养老服务、就业等服务需求保障不足的三大难题，实现了社区整体人居环境、服务群众能力、群众安全感幸福感的提升（图6.16）。

玉龙社区"智慧治理"的成功经验表明，在推行社区网格化、精细化治理的背景下，利用信息化手段赋能智慧社区治理，具有十分重要的意义。信息化平台可以对社区内的人员构成、周边企业、资金技术等多种资源进行汇总和统一化管理，方便社区工作者进行管理和调度；可以明确社区的权责分布，在基层解决基层的问题，将基层不能解决的问题迅速上报，在提升整体运作效率的同时，减轻社区工作者的负担；可以利用集成的信息网络研发新的功能，满足群众多维度的需求。玉龙社区采用的"微信小程序＋网格员＋区级指挥中心＋各街道信息中心＋社区业务中心"的治理模式取得了良好的成效，证明数字化智慧社区治理在实现人口多而密集、社会治理资源较少的社区治理中具有很大潜力，为临沧市乃至全国同类型的社区提高治理水平、推进可持续发展提供了经验。

图6.16　玉龙社区居民

参考资料

[1] Gaffney, C., & Robertson, C.Smarter than smart: Rio de Janeiro's flawed emergence as a smart city. Journal of Urban Technology, 2018, 25(3): 47-64.

[2] G. Viale Pereira, M. A. Cunha, et al.Increasing collaboration and participation in smart city governance: a cross-case analysis of smart city initiatives[J]. Information Technology for Development, 2017, 23(3).

[3] 邓燕.社会治理信息化视域下的智慧社区创建[J].互联网周刊, 2023(5): 47-49. DOI: CNKI: SUN: HLZK.0.2023-05-014.

[4] Anthony M.Levenda, Noel Keough, et al.Rethinking public participation in the smart city[J]. The Canadian Geographer/Le géographe canadien, 2020, 64(3): 344-358.

6.3 智慧法院创新方案助推矛盾纠纷多元化解
——临沧市"无讼临沧"数字化平台研发

　　针对居民民事纠纷需调解的意愿强烈与到达法庭的时间交通成本较高之间的矛盾，以及为解决日益增多的案件量可能造成司法资源紧张的矛盾，"无讼临沧"数字化平台集合在线咨询、在线调解和在线诉讼等功能，整合咨询师、调解员、仲裁员、法官等各种解纷资源，实现与法院立案系统、人民调解平台、社会服务平台的数据联通与共享，解纷前在线智能评估纠纷，解纷后通过大数据分析预防纠纷，将大部分矛盾纠纷在前端过滤和分流，仅少量疑难复杂案件通过诉讼终局解纷，为基层社会治理提供新思路。"无讼临沧"助推矛盾纠纷多元化解，促进依法、公正、便捷、高效化解纠纷，为多元化纠纷解决机制建设，实现联合国可持续发展目标SDG16（和平、包容与强大机构）和SDG10（减少不平等）提供临沧方案。

多元化纠纷解决机制，是指在社会中诉讼与非诉讼纠纷解决方式各以其特定的功能和特点，结成一种互补的、满足社会主体多样需求的程序体系和动态的运作调整系统。诉讼是最有效的也是最终的处理社会纠纷的手段。诉讼方式之外的纠纷解决机制，如第三方仲裁、民间调解等，是通过替代性纠纷解决机制来解决"诉讼爆炸"的社会问题。

2015年，联合国《2030年可持续发展议程》将"创建和平、包容的社会以促进可持续发展，让所有人都能诉诸司法，在各级建立有效、负责和包容的机构"列为重要目标（SDG16），旨在推动社会的可持续发展。不论是个人与个人之间、组织与组织之间、国家与国家之间，如果存在明显的不平等将导致矛盾，引起纠纷。在SDG10（减少不平等）中，SDG10.3提出通过推动适当立法、政策和行动来确保机会平等。上述目标涉及纠纷的产生以及如何解决纠纷可以促使社会的可持续发展。

进入21世纪，全球化信息通信技术迅猛发展，催生出现了在线替代性纠纷解决机制，其低成本、高效率、替代性和以互联网为媒介的特点，为多元化纠纷解决机制提供了新的思路。在线替代性纠纷解决机制产生初期是为化解司法诉讼体制外的电子商务纠纷和网络域名纠纷。后来，随着互联网渗透到社会经济生活的各个领域，在线替代性纠纷解决机制逐渐发展成中立第三方利用网络信息技术在虚拟空间协助当事人解决各种纠纷的平台，包括：在线交涉、在线调解、在线仲裁以及企业内部设立的"在线消费者投诉处理程序"等方式。如今，互联网开始赋能社会发展各个领域，如何运用互联网思维在司法机关信息化进程中实现对在线替代性纠纷解决机制，实现跨界融合与深度应用，是司法在多元化纠纷解决机制建设中的主要目标。

"智慧法院"的提出，标志我国最高人民法院着力建设立足于时代发展前沿。2016年2月，最高人民法院印发了《人民法院信息化建设五年发展规划（2016—2020）》，明确了"十三五"期间智慧法院的发展思路、重点建设任务和具体实施要求。同年7月，中共中央办公厅、国务院办公厅印发《国家信息化发展战略纲要》，将建设"智慧法院"列入国家信息化发展战略，明确提出建设"智慧法院"，提高案件受理、审判、执行、监督等各环节信息化水平，推动执法司法信息公开，促进司法公平正义。2022年12月，最高人民法院发布《关于规范和加强人工智能司法应用的意见》，提出进一步推动人工智能同司法工作深度融合，全面深化智慧法院建设，创造更高水平的数字正义。

2017年，云南省高级人民法院召开全省中级人民法院院长座谈会，将"着力推进智慧法院建设，促进全省法院审判体系和审判能力现代化"列为重要部署工作。2018年，为保障云南跨越发展，省财政制定保障"平安云南"数字建设任务，将"智慧法院"列为重点支持项目。2022年4月，云南省人民政府印发《"十四五"数字云南规划》，将"智慧法院"列在专栏13项，提出推进一站式多元纠纷解决和诉讼服务体系建设、推进电子卷宗在执行案件办理全流程中的深度应用，建设完善行政办公系统、人事管理系统，建设司法数据中台和智慧法院大脑。

2019年，"云南在线矛盾纠纷多元化解平台"（以下简称"云解纷"平台）开发成功，临沧市中级人民法院立案庭组织开展"云解纷"平台推广应用专题培训，积极推进多元解纷、网上立案信息化平台建设。2021年，临沧市中级人民法院开展"无讼村（社区）"的创建活动，走出了一条"发现在前、调解优先、诉讼断后"的诉源治理模式，探索出"中心法庭—乡镇—重点村"的诉讼服务全覆盖模式，推进矛盾纠纷实质化解，让更多矛盾纠纷实质性化解在基层、化解在萌芽状态。

临沧市是国家"一带一路"改革开放的前沿，居住着23个民族，各少数民族保留着当地原始的习惯法。构建和谐稳定的社会环境和民族团结将促进乡村振兴和兴边富民，而多元化纠纷解决机制向信息化、智能化调解模式转变，可以满足各民族人民群众新时代多元司法需求，不仅从源头上有效减少矛盾纠纷产生，为基层社会治理提供新思路，更推动了国家法与习惯法协调融合。

为更好地服务临沧市的需求，持续提供法治保障、科技支撑、健全诉与非诉矛盾纠纷解决方式的衔接工作机制，进一步推动多元化纠纷解决机制向信息化、智能化调解模式转变，实现"智慧法院"的临沧实践，2021年10月，"无讼临沧"数字化平台研究与应用被云南省科技厅立项，列为临沧市国家可持续发展示范区社会板块创新项目，为推进基层社会治理现代化提供了新思路（图6.17）。

图6.17 "无讼临沧"项目启动动员

"无讼临沧"积极探索"诉源治理"机制的新模式，将社区、乡镇、村纳入到"多元化解"的调解网络中，实现"矛盾不出门、原地就化解"的高效治理体系。

"无讼临沧"通过微信扫码即可使用，程序使用上采用授权绑定的方式，无须注册，自动读取手机号和当前地理信息定位，利用OCR拍照完成实名认证。从进入小程序到提交纠纷，当事人无须手动录入任何信息，而是通过视频的方式与接线员联系，由接线员通过引导当事人获取案件信息并录入，从而完成纠纷案件的受理和分配，更大程度上适应更多的人群需求（图6.18）。

图6.18 "无讼临沧"解决纠纷流程

"无讼临沧"数字化平台包括：微信小程序、智能电话终端、无讼管理平台、大数据平台四大要素。

微信小程序：代理人、当事人、调解员使用小程序即可实现在线调解，代理人、当事人通过小程序进行调解申请、材料上传、在线调解、签字确认、调解协议查看下载、司法确认申请、司法确认书查看，调解员通过小程序进行预约调解、在线调解、调解协议生成（图6.19）。

智能电话终端：接线员在电话终端接听当事人拨打的视频电话，在接听过程中录入当事人的纠纷内容、被申请人相关信息，完成案件受理后就近分配调解员进行调解（图6.20）。

无讼管理平台：采用权限分级设置，接线员在管理平台进行案件信息的录入、修改和分配；法院工作人员通过管理后台接收符合形式要件的司法确认申请案件，由法官审查后制作司法确认法律文书并上传，使申请人在小程序端可见；管理人员则通过后台对案件进行管

图6.19 "无讼临沧"微信小程序

（a）

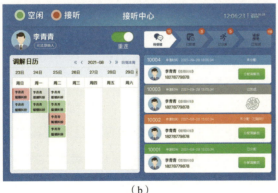

（b）

图6.20 "无讼临沧"智能电话终端

理和监督，对调解员、调解组织进行信息维护（图6.21）。

图6.21 "无讼临沧"无讼管理平台

大数据平台：对纠纷受理情况进行综合分析，建立调解质量评价体系。动态研判全市纠纷数据的变化，对纠纷类型、纠纷地域、涉及行业、涉及年龄段等信息进行画像，形成灵活、迅速的调解工作机制，实现调解资源的弹性分配，充分实现调解体系的网格化管理（图6.22）。

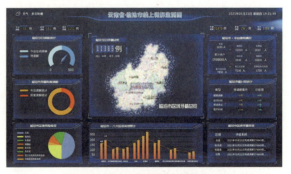

图6.22 "无讼临沧"大数据平台

"无讼临沧"数据平台以打造"群众家门口的司法服务"为目标，具备使用简便、数据匹配智能，资源整合高效等特点。

"一扫即调"便民利民：采用后台、前端、小程序、Android模块化开发，经过极简设计，能满足不同场景下的使用需求。以小程序为例，当事人、调解员等通过微信扫码即可使用，无须注册，拍照即可完成实名认证，进入小程序后无须手动录入任何信息，提交纠纷由平台分配后即可进行在线视频调解，调解协议、司法确认书等均在线生成，可在线查看、签字、下载，当事人"零成本"便可快速化解纠纷。

大数据分析精准调配：依托"大数据"平台对纠纷受理情况进行综合分析，建立质量评价体系，动态研判全市纠纷数据变化，对纠纷类型、纠纷地域、涉及行业、涉及年龄段等信息进行画像，并与调解员调解成效、擅长领域等进行比对，以此为基础实现调解资源的弹性、精准分配，形成灵活、迅速的调解工作机制。

资源整合共治共享：将社区、乡镇、村以及各行业、部门调解资源纳入到"多元化解"的调解网络中，推动平台与基层组织体系网、网格化社会治理体系网互融互通，推进矛盾纠纷统一受理、派单办理、全程跟踪、反馈评估闭环运行，实现各类社会治理与矛盾化解共治、共建、共享。

自2022年3月平台试运行起，共受理案件415件，调解完成306件，平均调解用时5.43天，相较于以往调解平台缩短了2天左右。从微信小程序留存数据来看，在首次使用的4周后，活跃留存率为29.63%，主要为纠纷案件较多的代理人，在体验了不用去法院递交材料、免诉讼费等便捷后，其代理的案件都自主选择小程序进行调解（图6.23）。

"无讼临沧"数据平台的使用打破了处理纠纷的时空限制，节约了司法资源，降低了诉讼成本，探索出具有地域特色的诉源治理新模式。

打破时空限制，面对面提交纠纷。临沧市位于云南省西南边陲，属于横断山系地形，层峦叠嶂的山势和郁郁葱葱的森林给乡村人民带来了交通上的不便。现在群众有了邻里琐事的纠纷，不用翻山越岭到法庭、法院递交诉状，来回跑几

(a)

(b)

图6.23 "无讼临沧"使用推广

趟。"无讼临沧"只需要通过微信扫码进入程序，拨通视频电话与接线员面对面提交纠纷，通过手机来进行纠纷调解。这种打破时空限制的面对面交流方式，既能加强群众的信任感，更好的表达自身诉求，也实现了群众"足不出户，原地化解"的愿望（图6.24）。

节约司法资源，降低诉讼成本。目前，法院案件量的主要来源为民事案件，临沧辖区内民事案件占全面案件量的比例约为50%，随着群众法律意识的提高和社会经济发展，民事案件量呈现出逐年递增的明显趋势。对于法院、法官来说，日益增多的案件量必将消耗更多的人力、物力、财力，造成司法资源的紧张。通过使用"无讼临沧"，将民间事实较为清楚、法律关系比较简单的矛盾纠纷化解在源头，让可能对簿公堂的

临沧市中级人民法院立案庭副庭长段院茹表示，对当事人来说，到法院立案，需要准备大量纸质材料，从立案、开庭、文书送达整个过程耗费大量的人力、物力和时间成本。而"无讼临沧"的出现，使得当事人通过扫码就能将需求提交到后台，第一时间就能得到反馈。解决了当事人"磨破鞋""跑断腿"的情形，极大地减少了当事人诉讼成本，让当事人以最少的成本维护自己的合法权益；也为法院解决了因客观情况而使得当事人无法及时参加诉讼的问题；前期介入调节对化解社会矛盾也起到一定的效果。

此外，在开发"无讼临沧"小程序当事人端时，我们考虑到边疆地区老百姓文化水平有限的情况，尽可能将平台界面设计得简单、易上手，使当事人自己就能操作完成整个流程。

图6.24　临沧市中级人民法院立案庭副庭长段院茹接受采访

场景减少发生，让司法资源得到更加合理的分配，从而提高审判效率。

探索具有地域特色的诉源治理新模式。"无讼临沧"可将政府职能部门和社会治理组织凝聚在一起，从源头治理，从基层做起，无疑是起到了较好的科技助推作用。2022年9月，临沧市中级人民法院新收一审民事案件实现负增长，全市绝大多数矛盾纠纷通过非诉方式在村镇两级得到实质化解。截至2022年底，"无讼临沧"平台已引入法院、司法、人社等行业部门共340名优质调解员，零诉讼成本在线调处纠纷839件，平均用时5.75天。2022年12月，"无讼临沧"数字化平台入选"2022全国政法智能化建设智慧法院创新案例"。

"无讼临沧"数字化平台研发，将使更多的案件通过线上非诉讼手段得到化解，不仅可以将矛盾纠纷化解在萌芽阶段、化解在家门口，群众能够更快速更高效地解决矛盾纠纷，还可以减轻法官办案压力，法官能有更多的时间精力投入到大案、难案中，同时将纠纷的解决从法官的"单打独斗"向社会"多元解纷"进行拓展，激发社会各界对基层治理共建共享意识，开拓诉源治理新格局，同时为实现联合国可持续发展SDG16和SDG10的目标要求提供了良好的实践范例。

参考资料

[1] 凤庆县人民法院微信公众号.临沧中院"无讼临沧"数字化平台入选"2022政法智能化建设智慧法院创新案例"[EB/OL]. [2023-5-9]. https：//mp.weixin.qq.com/s/WrNivCLshHOFE3lMkJTedw.

[2] 临翔法院微信公众号.临翔法院开展人民法院调解平台"三进"和"无讼临沧"运用培训工作[EB/OL]. [2023-5-9]. https：//mp.weixin.qq.com/s/ZoDsKZZg5Z1Uj6-r30gRYw.

[3] 临沧微普法公众号.凝心聚力 守正创新 奋力奏响政法最强音——2022年临沧政法舆论宣传工作亮点纷呈[EB/OL]. [2023-5-12].https：//mp.weixin.qq.com/s/2C7jj8dpp6w_PVjP2GCrlg.

[4] 临翔法院公众号.用好"无讼临沧"APP把矛盾纠纷化解在基层[EB/OL]. [2023-5-12]. https：//mp.weixin.qq.com/s/mavxUhYTKAWWAdE_oj0F_Q.

后　记

　　非常荣幸可以和《临沧市可持续发展典型案例集》编制组的各位同仁共同完成这份难忘的工作。可以在政府机关、企业工矿、田间地头探访近百位不同行业、不同民族、不同年龄段的朋友，聆听他们在临沧这片热土上亲自缔造或经历的可持续发展故事，对于我和我的团队都是值得终生铭记的珍贵经历。在探访过程中，长者们对比今昔翻天覆地的变化，感慨颇深；中年人回忆起自己创业过程中的拼搏，依然激情燃烧；年轻人求学、求职的故事，呼应着新时代的快速发展。

　　感谢永德县城关完小段子林校长讲述"通过一体化方式带动末梢学校，推动学校抱团发展"，感谢云县茂兰中心卫生院董祥飞副院长分享"县域医疗卫生共同体建设，实现县乡村服务一体化"：让我们看到临沧市以人民日益增长的美好生活需要为出发点，以实现人的全面发展为目标，切实保障人民群众利益，让可持续发展的成果惠及全体人民的态度。

　　感谢沧源自治县班洪乡班洪村杨志良书记回顾"将蜂蜜产业与观光融合、庭院经济融合"，感谢荣康达乌龙茶庄园康加昌先生介绍"依托乌龙茶庄建设，展现生态减贫成效示范"：让我们看到临沧市立足生态资源，发展环境友好产业，加快主导绿色产业发展提速增效，实现发展规模与发展质量效益双提升的决心。

　　感谢镇康县南三镇红岩村李壮兄吟唱"喜鹊抬水镇康迪，鸽子抬水阿佤城"，感谢凤庆县凤山镇安石村茶花种植专业户罗正先生解释"带动农户将'美丽资源'转化成了'美丽经济'"：让我们看到临沧市发挥临沧民族文化资源优势、合理进行区域发展布局，以特色项目为载体、推进创意产业集聚区建设的意识。

　　感谢所有的讲述者，在你们的陪伴下，我们共同完成了一场跨越时空的旅行，让我们真切地从个体视角观察到"边疆多民族欠发达地区"人民对于可持续发展事业的期盼与不懈努力。

　　通过本次案例集的编制工作，临沧市国家可持续发展议程创新示范区作为我国向全球分享可持续发展实践经验、讲述"中国故事"最重要的素材库，我们已经看到、听到、感受到其为推进可持续发展中国进程做出的诸多努力。未来，为了更高标准地用好可持续发展这把"金钥匙"，提升示范区建设的影响力，讲好临沧经验、中国故事，我们还有更多的工作要做：

　　首先，顺应时代潮流和国际发展动向，提升可持续发展中国故事讲述的针对性。随着全球化进程的不断加速，地方发展与外部环境之间的关联越来越密不可分。我们要从更高角度来审视自身的发展需求和贡献输出能力，准确研判自身所处在全球各项可持续发展目标落实"生态位"中的典型性和代表性，力争有的放矢地选择最具备代表意义和表现张力的案例、模式凝练方向，提升增强影响力的针对性。

其次，增强具备文化包容性的"讲述"能力，提升可持续发展中国故事的可读性。可持续发展是一个国际性议题，具备着跨文化交流的基础条件。我们需要进一步优化叙事方法，在描述角度、表述方式、语言习惯等方面贴合"SDGs语境"，更好地向国际社会讲述可持续发展的中国故事。

再次，深刻理解可持续发展的系统性、复杂性，通过更多跨领域、跨行业的专家进行"会诊"，提升讲述可持续发展中国经验的科学性。可持续发展的实现需要系统的解决方案，可持续发展的经验凝练同样需要多方协作、共同参与。我们希望在未来的经验总结工作中，能够以示范区示范主题为原点，邀请更多行业专家加入，从更多角度探讨19个可持续发展目标的发展经验，讲述更具科学严谨性的可持续发展故事。

最后，积极应用现代科技带来的便利条件，增强拓展经验凝练素材数据源的能力，提升讲述可持续中国故事的延展性。国际社会对于落实可持续发展的评估数据极为关注，但权威、公开、统一的，且可以被地方基层政府应用的基础数据供给能力仍然缺乏，给示范区进一步开展相关评估和经验凝练造成一定的阻碍。我们希望能够加快建立边界统一、种类完善的城市可持续发展能力评估数据库，支持示范区讲述可持续发展中国故事的延展性。

通过周期性地、大范围地归集和整理可持续发展典型经验和案例，发现和筛选"有广度、有深度、有温度"的故事，也是在向国际社会表明，我国可持续发展实验示范体系城市一直积极、努力地搭建可持续发展各方的交流平台，不断推进全球可持续发展目标在中国的达成与实践。

在此祝愿每一位为可持续发展事业努力工作的同事和朋友安康、顺利。

中国可持续发展研究会理事
人居环境专业委员会 秘书长 张晓彤
实验示范工作委员会 副主任委员
2023年6月